"广东技工"工程教材　农村电商系列

广东省职业技术教研室　组织编写

农产品社群营销

SPM 南方出版传媒

广东科技出版社｜全国优秀出版社

·广　州·

图书在版编目（CIP）数据

农产品社群营销/广东省职业技术教研室组织编写. —广州：广东科技出版社，2021.6
（"广东技工"工程教材　农村电商系列）
ISBN 978-7-5359-7658-1

Ⅰ.①农…　Ⅱ.①广…　Ⅲ.①农产品—网络营销—技术培训—教材　Ⅳ.① F713.365.2

中国版本图书馆 CIP 数据核字（2021）第 099569 号

农产品社群营销
Nongchanpin Shequn Yingxiao

出 版 人：朱文清
策　　划：朱文清
项目统筹：区燕宜
责任编辑：区燕宜　曾依翎
封面设计：柳国雄
责任校对：李云柯
责任印制：彭海波
出版发行：广东科技出版社
　　　　　（广州市环市东路水荫路 11 号　邮政编码：510075）
销售热线：020-37592148/37607413
http://www.gdstp.com.cn
E-mail: gdkjzbb@gdstp.com.cn
经　　销：广东新华发行集团股份有限公司
印　　刷：广州市彩源印刷有限公司
　　　　　（广州市黄埔区百合三路 8 号　邮政编码：510700）
规　　格：787mm×1 092mm　1/16　印张 14.75　字数 300 千
版　　次：2021 年 6 月第 1 版
　　　　　2021 年 6 月第 1 次印刷
定　　价：59.80 元

如发现因印装质量问题影响阅读，请与广东科技出版社印制室联系调换（电话：020-37607272）。

《"广东技工"工程教材 农村电商系列》

指导委员会

主　　　任：陈奕威
副 主 任：杨红山　葛国兴
委　　　员：魏建文　张广立　刘正让　袁　伟
　　　　　　高良锋　邱　璟　陈鲁彬　刘启刚
　　　　　　夏义兵　陈　锋　叶　磊

专家委员会

组　　　长：林伟君
成　　　员：易法敏　余巧芸　夏　宁　方　凯
　　　　　　施志君　吕福智

《农产品社群营销》编写委员会

主　　　编：唐　艳
副 主 编：张东风　籍东晓
参编人员：江朱妹　张梦雅

序 言

　　技能人才是人才队伍的重要组成部分，是推动经济社会发展的重要力量。党中央、国务院高度重视技能人才工作。党的十八大以来，习近平总书记多次对技能人才工作作出重要指示强调，劳动者素质对一个国家、一个民族发展至关重要。技术工人队伍是支撑中国制造、中国创造的重要基础，对推动经济高质量发展具有重要作用。要健全技能人才培养、使用、评价、激励制度，大力发展技工教育，大规模开展职业技能培训，加快培养大批高素质劳动者和技术技能人才。要在全社会弘扬精益求精的工匠精神，激励广大青年走技能成才、技能报国之路。要加快构建现代职业教育体系，培养更多高素质技术技能人才、能工巧匠、大国工匠。总书记的重要指示，为技工教育高质量发展和技能人才队伍建设提供了根本遵循，指明了前进方向。

　　广东省委、省政府深入贯彻落实习近平总书记、党中央决策部署，把技工教育和技能人才队伍建设放在全省经济社会发展大局中谋划推进，高规格出台了新时期产业工人队伍建设、加强高技能人才队伍建设、提高技术工人待遇、推行终身职业技能培训制度等政策，高站位谋划技能人才发展布局。2019年，李希书记亲自点题、亲自谋划、亲

自部署、亲自推进了"广东技工"工程。全省各地各部门将实施"广东技工"工程作为贯彻落实习近平新时代中国特色社会主义思想和习近平总书记对广东系列重要讲话、重要指示精神的具体行动，以服务制造业高质量发展、促进更加充分更高质量就业为导向，努力健全技能人才培养、使用、评价、激励制度，加快培养造就一支规模宏大、结构合理、布局均衡、技能精湛、素养优秀的技能人才队伍，推动广东技工与广东制造共同成长，为打造新发展格局战略支点提供了坚实的技能人才支撑。

在中央和省委、省政府的关心支持下，广东省人力资源和社会保障厅深入实施"广东技工"工程，聚焦现代化产业体系建设，以高质量技能人才供给为核心，以技工教育高质量发展和实施职业技能提升培训为重要抓手，塑造具有影响力的重大民生工程广东战略品牌，大力推进技能就业、技能兴业、技能脱贫、技能兴农、技能成才，让老百姓的增收致富道路越走越宽，在社会掀起了"劳动光荣、知识崇高、人才宝贵、创造伟大"的时代风尚。强化人才培养是优化人才供给的重要基础、必备保障，在"广东技工"发展壮大征程中，广东省人力资源和社会保障厅坚持完善人才培养标准、健全人才培养体系、夯实人才培养基础、提升人才培养质量，注重强化科研支撑，统筹推进"广东技工"系列教材开发，围绕广东培育壮大10个战略性支柱产业集群和10个战略性新兴产业集群，围绕培育文化技工、乡村工匠等领域，分类分期分批开发教材，构建了一套完整、科学、权威的"广东技工"教材体系，将为锻造高素质广东技工队伍奠定良好基础。

新时代意气风发，新征程鼓角催征。广东省人力资源和社会保障厅将坚持高质量发展这条主线，推动"广东技工"工程朝着规范化、标准化、专业化、品牌化方向不断前进，向世界展现领跑于技能赛道的广东雄姿，为广东在全面建设社会主义现代化国家新征程中走在全国前列、创造新的辉煌贡献技能力量。

广东省人力资源和社会保障厅

2021年6月

前　言

习近平总书记指出，重农固本是安民之基、治国之要，解决好"三农"问题是全党工作的重中之重。2021年中央一号文件《中共中央 国务院关于全面推进乡村振兴加快农业农村现代化的意见》指出，民族要复兴，乡村必振兴；全面推进乡村振兴是实现中华民族伟大复兴的一项重大任务。乡村振兴，产业兴旺是重点。电子商务作为一种新的流通方式，改变了传统农业产业的供应链、价值链、信息链和组织链，在乡村产业发展、产业融合和产业全面振兴等方面发挥了重要作用。农村电商作为电子商务的重要组成部分，在刺激农村消费、巩固脱贫攻坚、推动农业升级、促进农村发展中的作用日益凸显，为促进乡村产业振兴、人才振兴、文化振兴、生态振兴、组织振兴注入了强劲的动力。

广东省委、省政府深入贯彻落实习近平总书记、党中央、国务院决策部署，将精准扶贫理念和乡村振兴导向贯穿农村电商发展全过程。近年来，我省以电子商务进农村综合示范创建工作为主要抓手，不断完善农村电商公共服务体系，拓宽农产品线上销售渠道，创新农村电商运营模式，促进农户与市场有效对接，塑造区域特色品牌，推动农产品"出山进城"，在全面实施乡村振兴战略中展现广东担当、贡献广东智慧。

2019年11月，广东省人力资源和社会保障厅、广东省农业农村厅印发《关于进一步加强我省农村电商培训推动创业就业的工作方案》（粤人社发〔2019〕158号），正式启动实施"农村电商"工程。工程聚焦人员培训、创业就业、品牌打造、载体建设等关键环节，打通农村电商创业就业工作全链条，充分释放农村电商在扶持创业、吸纳就业、实现巩固拓展脱贫攻坚成果同乡村振兴有效衔接等方面的重要作用。

乡村振兴，人才是关键。培养一批有文化、懂技术、善经营、会管理的高素质农民和农村实用人才、创新创业带头人，是全面推进乡村振兴的迫切需要；完善农村电子商务人才培养机制，组织开展形式多样的农村电商培训，培养一批农村电子商务专业人才，是提升电子商务进农村效果，推动"农村电商"工程高质量发展的关键所在。"广东技工"工程教材农村电商系列作为"广东技工"工程教材的重要板块，重在为加大农村电商技能人才院校培养力度，大规模开展农村电商从业人员职业技能培训，全方位、多层次提升农村电商人员能力水平提供技术支撑。该系列教材结合广东农业发展现状及电子商务发展趋势，在广泛参照行业、企业标准和国家规范的基础上研发，其中包括《农村电商基础》《农村电商办公软件应用》《农村电商网店美工》《农村电商网店客服》《农产品视觉营销》《农村电商网店运营》《农村电商品牌包装与推广》《农村电商新媒体运营》《农产品社群营销》《农产品供应链管理与物流管理》《县域电商与农贸经济》《农村电商职业经理人》12本教材，为规范培训教学、提升培训质量、打造培训品牌、推进"农村电商"工程向纵深发展奠定了良好的基础。

当前，我国已开启全面建设社会主义现代化国家新征程，"三农"工作也转入全面推进乡村振兴、加快农业农村现代化新阶段。"农村电商"工程是我省全面贯彻落实总书记关于"三农"工作重要论述精神，全面推进乡村振兴落地见效的重要抓手，也是推动城乡生产与消费有效对接，助力国内、国际双循环顺畅联通的有效手段。农村电商，助农兴村。接下来，我们将继续深入推进电子商务进农村和农产品出村进城，畅通城乡经济循环，切实将农村农业优势转化为乡村振兴内生动力，让广大农民过上更加美好的生活，为乡村振兴提供新动能、新载体。

目 录

项目一　社群营销准备　/　1
　　任务一　认识社群营销　/　2
　　任务二　社群运营准备　/　11
　　任务三　社群基础搭建　/　21

项目二　社群用户营销　/　35
　　任务一　用户画像分析　/　36
　　任务二　用户拉新与促活　/　45
　　任务三　用户裂变　/　54

项目三　社群活动策划　/　65
　　任务一　社群活动选品　/　66
　　任务二　线上社群活动策划　/　78
　　任务三　线下社群活动策划　/　92

项目四　社群内容营销　/　107
　　任务一　社群内容创作　/　108

任务二　社群内容发布　/　121
　　任务三　社群内容传播与转化　/　133

项目五　社群推广与变现　/　143
　　任务一　社群微博推广　/　145
　　任务二　社群直播引流　/　163
　　任务三　百度贴吧推广　/　182
　　任务四　社群众筹变现　/　194

项目六　社群营销关系维护与法律遵循　/　205
　　任务一　社群营销关系维护　/　206
　　任务二　社群营销的法律遵循　/　219

后记　/　226

项目一
社群营销准备

　　移动互联网的出现，彻底改变了传统的营销方式，企业可以通过微信、微博等社交平台圈住用户，将企业的文化、品牌概念等植入用户心中，社群随之而出，企业、商家纷纷抓住社群，开始运用社交、互动等方式营销自己的产品。

　　2019年9月，某社交电商平台以24小时销售约30万千克土豆的成绩，成功创造中国首个扶贫助农的吉尼斯世界纪录。一时间，有关社交电商带货能力和社群营销方式高效性的话题再次引发广泛关注。

　　由于重运营的特性，传统电商在各大平台上经营一个店铺，需要会包装、懂设计、能拍照，还要自己负责物流和客服，才能玩得转。这对于缺人才、缺资金的贫困地区来说，挑战还是比较大的，所以很少有人能真正坚持做下来。更重要的是，一方面，随着流量红利的消失，销量下滑严重；另一方面，获取流量的成本大大增加，很多中小型运营商难以承受。

　　社交电商主要是通过社交分享实现产品销售，天然具有极短时间销量爆发的特性，很好地契合了农产品销售的时令性和潮汐性。正因如此，许多社交电商平台开始将社群营销与农产品销售结合在一起，全面发力。

农产品社群营销

任务一　认识社群营销

学习目标

1. 掌握社群的定义、分类及社群的构成。
2. 掌握农产品社群营销的定义。
3. 能够理解农产品社群营销的优势及根据农产品特点建立对应的社群。

情境引入

王爱国是一名军人，退伍后他回到家乡潮汕，发展起农副产品事业。为了促进农副产品的流通销售，他在深圳开了一家乡村食材体验餐厅和一家线上原生态食材网店，这家餐厅不仅供应以乡村原生态食材做的各种美味，还同时线上、线下销售土鸡、土鸭、土猪肉、鸡蛋、鸭蛋、特色水果蔬菜等农产品。王爱国很有生意头脑，通过店内宣传并结合互联网，刺激用户需求、留住客户、鼓励消费。最近，他研究互联网市场发展动态，发现社群可以节省宣传资本，而且可能获得意想不到的海量客户，他决定抓住"社群"这一营销方式，提升自家农产品的推广效果。

退伍军人王爱国想将乡村食材体验餐厅做出特色，借助社群营销来吸引客户线上、线下消费，他该如何选择适合的社群营销方式呢？

任务分析

虽然社群营销模式很火，但它可能并不适合所有行业，如果对不适合的行业或产品进行社群营销，反而会增加企业的运营成本。在进行社群营销之前，要结合自己企业产品的消费群体特征对社群运营环境、社群的种类、社群的基本构成、适合社群营销的行业进行分析，最终确定企业或产品的社群营销方式。

传统电商的销售相对分散，销售周期较长，社交电商平台则可以通过社群分享，实现短时间内冲击大销量，更适合对保鲜期有要求的农产品。

社群营销

一、社群的定义

社群，是指有共同的兴趣爱好、价值观和目标的人聚集而成的群体。现代的社群，主要指互联网社群，比如微信群、QQ群、豆瓣小组等，是一群被商业产品满足需求的消费者，以兴趣和相同价值观集结起来的固定群组。社群依托移动互联网和社交工具，将人与信息、人与人、人与物等进行连接，以与用户建立情感连接为核心，最终实现精准营销。

例如，知名的"豆瓣"平台（图1-1），是一个以书影音起家，提供关于书籍、电影、音乐等作品信息的社群网站。在豆瓣上，用户可以搜索自己感兴趣的小组（社群群组）并申请加入，成为小组成员后就可以在小组发帖或评论其他豆友的帖子，分享、讨论与小组主题相关的趣人趣事。

图1-1 豆瓣小组

二、社群的类型

（一）产品型社群

产品型社群是围绕特定产品建立起来的社群，社群成员主要是使用该产品或拥护该产品所属品牌的粉丝用户。产品型社群非常适合要打造产品优势和品牌效应的企业。通过互联网产品社群，企业可以更多地接触用户、粉丝与市场。例如，黄太吉煎饼，既有实体经营的产品，又颠覆了传统的产品销售方式，利用线上社群的影响力和传播力，充分激发粉丝的参与度和活跃度，最终带来线下销售的奇迹。

（二）兴趣型社群

兴趣型社群是基于共同兴趣爱好而创建的社群，例如，由于喜欢某个明星而组成的粉丝群、喜欢某项运动而创建的线上俱乐部。社群成员通过网络进行互动交流，寻找到一群彼此兴趣相投的伙伴，个人的兴趣也因为有了社群的互动与共鸣而得以提高。如美丽说社群、大众点评 VIP 俱乐部等，都属于典型的兴趣型社群。

（三）品牌型社群

品牌型社群是由某一品牌的支持者或粉丝组成的社群。社群成员可以借助社群平台分享品牌最新产品、参与品牌活动、发布与品牌相关的广告。对企业而言，品牌型社群是发现顾客需求和信息、培育顾客忠诚度的有效工具。强大的品牌型社群能够增强顾客的忠诚度，降低营销成本，奠定品牌信誉度，并产出大量促进业务发展的创意。

（四）知识型社群

狭义上的知识型社群是指讨论区、留言板、聊天室、公布栏等透过互动机制共同创造知识、分享知识的社群。而广义上的知识型社群则是指以学习知识为主要动机的社群，社群内容可以是文字、视频、分享会、课程、参观等。例如，众所周知的"混沌大学"（图1-2），还有各种提供培训的社群（图1-3），其本质上都是给用户提供某种知识。

图 1-2　混沌大学社群

图 1-3　某教育培训社群推广

（五）工具型社群

工具型社群是指为人们进行社群交流提供基础性工具的社群应用平台，如千聊、QQ、微博、微信等。例如，教师会建立QQ班级群来方便管理学生；企业则通过建立微信群来组织会议、协调项目和处理工作。工具型社群具有应用性、灵活性、场景性等特点。

三、社群的构成

社群的主体结构包括组成成员、交流平台、社群准入规则和社群管理规范，这四个方面的运作好坏将决定社群的生命周期长短。

（一）社群组成成员

一个优秀的社群，它的群成员一般由以下6种人组成。

1. 社群主

即社群创建者，群主一般具有人格魅力、信服力、号召力、群未来发展的把控力等能力，除此之外，他还是能带领社群走得更远、能看得更远的人。

2. 社群管理者

为了维护社群的秩序，保证社群能正常运行，需要设立专门的社群管理人员。社群管理者必须要尽职尽责，不能滥用职权，一定要带头遵守群规，还要有耐心和责任心，群内出现任何问题，群管理要快速帮助群成员解决问题，当然必须要做到公平公正，赏罚分明。社群的管理一点也不比线下容易，而且可能还会比线下更不好做，并且线上的问题会远多于线下，各种新老问题可能层出不穷，这个时候就是考验管理者的随机应变能力了。

3. 社群参与者

要想社群生命力长久一些，自然离不开每一位群成员的参与和配合。社群参与者的活跃程度决定了这个社群的活跃度。如果想要提高社群活跃度，就需要在参与者中引入不同角色的人群。

4. 社群开拓者

社群的核心是"同好"（共同的爱好）。那么这些同好从哪儿来？这就需要我们社群的开拓者来引领和挖掘了。社群的开拓者需要到不同的平台，去寻找与社群运营目标一致的"同好"，因此作为开拓者必须具备善于沟通、会谈判等相关特质，这类人并不容易挖掘，遇到了一定要珍惜。

5. 社群意见领袖

是指在人际传播网络中经常为他人提供信息，并能对他人产生影响的人。社群意见领袖是社群组织活动、制造话题、社群运营的重要力量，是社群结构中的核心部分。

6. 社群付费者

这一部分人群是社群的经济来源之一，毕竟做社群运营最终的目的都是要变现。做一个好的社群，是非常耗时耗力的，需要很高的运营和维护成本，因此社群一定要吸纳一些资源付费的成员。付费的方式可以是进群付费，也可以是购买相关的产品等。

（二）交流平台

当前互联网比较主流并适合社群运营的平台主要有千聊、QQ、微信、微博、百度贴吧、知乎、豆瓣等。不同的平台有不同的优劣势，要根据自身的定位和运营规则来选择社群营销平台。

（三）社群准入规则

社群需要设立一定的门槛作为群成员入群的筛选机制，这样不仅能够保证群成员的质量，还能提升社群的专业度。一般设置入群的规则包括：付费制入群，例如一些课程学习学院在付费购买课程后才有机会进入群，愿意付费入群的人，在很大程度上是对该社群认可的一类人；邀请制入群，即由现有的群成员邀请推荐入群，这样可以节省筛选成本；任务制入群，即完成社群设定的相关任务才能够加入该群，这也是筛选成员的一种办法。

（四）社群管理规范

社群人数越来越多，随之而来的是各种问题，因此社群必须要有一套严格的管理规范，才能维持社群的纪律性。社群在确立了管理规范之后，要将管理规范执行到位，才能保证社群的优质和高效。

四、农产品社群营销概述

（一）社群营销的定义

社群营销是利用各种社群平台，如微信、微博、论坛或者线下社区，来聚集人气，通过产品和服务满足具有共同兴趣爱好群体的需求而产生的商业形态。与传统营销相比，社群营销通过微信、QQ、微博等社群平台进行产品宣传，还可以充分地展示商品，使粉丝用户能快速获得商品信息。企业社群营销的关键是要做好服务，形成由产品、试用体验、反馈分享、跟进服务、增值配套、待客激励等组成的一条完整的生态服务链。社群营销的价值体现在以下几个方面。

1. 塑造品牌形象

品牌的树立是一个长期的过程，塑造的形象必须被周围大众广泛接受并长期认同，而社群的形态便于公司产品直接展示自身鲜明的个性和情感特征，让用户可以感受到品牌的价值。

2. 刺激产品销售

不论是基于共同兴趣的学习型社群，还是基于个人目的的产品分享群，通过共同的价值观，以及每天的社群营销活动感染，能够激发人们的购买冲动，通过社群发布产品的信息或者发起购买产品，就这样在无形中实现了产品销售。

3. 维护顾客黏性

在传统的营销环境中，产品售出后，除了退换货，似乎和客户已断了链接，而社群则是要圈住用户，让其更深度地参与到企业产品的反馈升级及品牌推广中来，把用户当成自己的家人来爱护，从而使其爱上企业，主动为品牌助力。

（二）农产品社群营销

供需信息不对等，农产品难卖，一直是困扰我国农业的难题之一。随着互联网的普及和物流效率的提高，电商巨头纷纷布局农村电商。协助农产品上线已经成为众多电商企业的共同之举。农产品社群营销，就是基于人脉和信任，通过线上线下活动，借助社交媒介进行农产品和服务的宣传与推广，最终达成交易。例如拼多多，开展了以社交传播为依托的拼单模式。拼多多阎老西儿山西特产店，就是拼多多助农扶贫的经典案例之一，店主巩文斌是山西贫困县静乐县的一名大学生村干部。受到朋友发来的拼多多链接的启发，他在拼多多上开店，用社交拼单的方式成功推销"丰产不丰收、贱价卖仍没人要"的当地特产——黄河滩枣。

（三）农产品社群营销的优势

农业和农产品是天生充满体验和参与感的产业，每个人味觉、嗅觉都是天生的反应能力，每个人对食品都有着分享的本能。尤其是社群时代，随时互动、实时分享有了充分的技术支撑。

（1）每个品尝过的消费者都能成为发言者。对于农产品来说，每个品尝过的人都可以成为发言者。相比一些技术产品，对农产品的发言门槛低、消费者多、可比性强、易于产生多角度的互动和评论话题。

（2）"吃货领袖"的号召力和聚集力。网络信息大爆发时代，信息选择成为难题，意见领袖就显得尤为重要。相对其他行业的意见领袖，美食行业的意见领袖——"吃货领袖"不但更多，而且更容易产生号召力和聚集力。关于怎么吃、去哪吃等话题，消费者永远希望有人能够给予更精准的建议。

（3）地缘文化的共鸣。农产品是地缘文化的典型载体，在社群里讨论特产的同时，必然会涉及当地的风土人情，有人情就有感情，有感情才有共鸣有信赖，继而有销售。

（四）农产品社群营销的方式

社群营销与传统的广告推广营销有所不同，由于更加注重消费者的参与度、认同感和信任感，它的营销方式大致可以分为4类。

1. 活动营销

（1）体验活动。体验活动包括试吃、试用、试玩等，例如，试吃活动是商家为推广所采用的有效手段，具有感觉直观、聚集人流、鼓动人心等特点，最终促进销售。消费者通过切身体验，再结合终端导购介绍，可以迅速增加对产品的认知及好感度。

（2）线下活动。线下活动包括亲子、情侣、夕阳红等活动，亲子主题活动可吸引父母带着孩子参与，以此来聚集人气。参与活动的同时，家长往往会买走一些其他的商品，可谓一举两得。

2. 会议讲座

会议讲座包括科普、新品发布、产品体验等，通过有组织、有内容的知识、技能等传递行为，给予大家相互交流与学习的机会。对于农产品来说，美食类、康养类、考察类的讲座会议能够激发消费者进一步消费的欲望和动作，能够促进社群成员的主动消费。

3．达人直播

达人直播是某一领域（康养、美食、旅游等）有自己独到的见解或技能的专业人士开展的直播。这种类型的直播往往更容易吸引目标客户群体的关注，因为"达人"本身是中立角色，对于受众更有说服力，以及更具备信任感。例如，著名的湖北地区"央视主持人助农行动"，如图1-4所示，通过权威的意见领袖直播宣传农产品，极大促进了订单增长。

图1-4 "小朱配琦"湖北农产品带货直播

4．专业知识（日常推广培育）

在日常运营中，通过图文、短视频等形式选择合适的内容展现给社群成员，以长期的内容培育增强消费者对社群的黏性，并且持续产生消费欲望。

（1）专业内容推荐。要向用户真实地介绍有关商品的主要性能、用途、使用方法等产品知识。内容要有专业深度，在用户心中树立权威的印象，令其产生信任感。例如，某一农产品其养生价值、美食做法、内涵底蕴等方面的内容。

（2）行业资讯。行业资讯可以给社群带来可观的点击量，可以在资讯中插入商品信息，产生意向交易，带来订单转化。可以通过信息传递与市场教育提高品牌的知名度与权威度。例如，定期发布关于农特产美食的资讯，让消费者养成固定阅读社群信息的习惯。

5．站内站外话题培育

（1）社群讨论。话题讨论是话题营销的一种方式，抛出一个话题，让用户参与其中，让社群内的产品或服务成为消费者谈论的话题，从而达到营销的效果。或者在社群之外进行回复和讨论，输出社群商品，提高商品及品牌的知名度。

（2）体验反馈。将试用产品赠送给潜在消费者，使其尝试，并诱导其做口碑宣传（选择朋友圈体量足够的用户）。

更值得一提的是，社群的消费基础是消费者对于社群的认同感和信任感，如果产品售后环节没有到位，则极易导致社群成员流失。因此一个社群不只是搭建和日常卖货就能够维持运转，更多的是需要培育和增加成员信任感、认同感，才能产生持续的订单和影响力。

随着移动互联网的崛起，碎片化的实时在线沟通成为常态，社群迅速火起来了。它以自组织性和再生产性为特征，秉承有态度的内容、圈层化互动、共享中互利的运营原则。在形式多样的社群中，产品型社群占据非常大的比重。根据本任务背景和"阅读资料"，完成以下任务：

1．任务目标

为宣传王爱国的乡村食材体验餐厅，尝试建立一个产品型社群，请用思维导图软件制订社群营销的思路，并完成表1-1，进行基本的社群信息编辑。

2．任务载体

思维导图软件、微信群App。

3．实施步骤

①产品分析、社群运营环境分析。

②明确创建产品型社群的目标。

③进行群成员定位。

④设定群管理人员和群规则。

⑤引导群成员邀请好友加群。

表1-1 社群信息

社群名称	社群Logo	社群定位	社群简介	社群规则	社群推广文案

阅读资料

社群营销思路思维导图如图1-5所示。

农产品社群营销

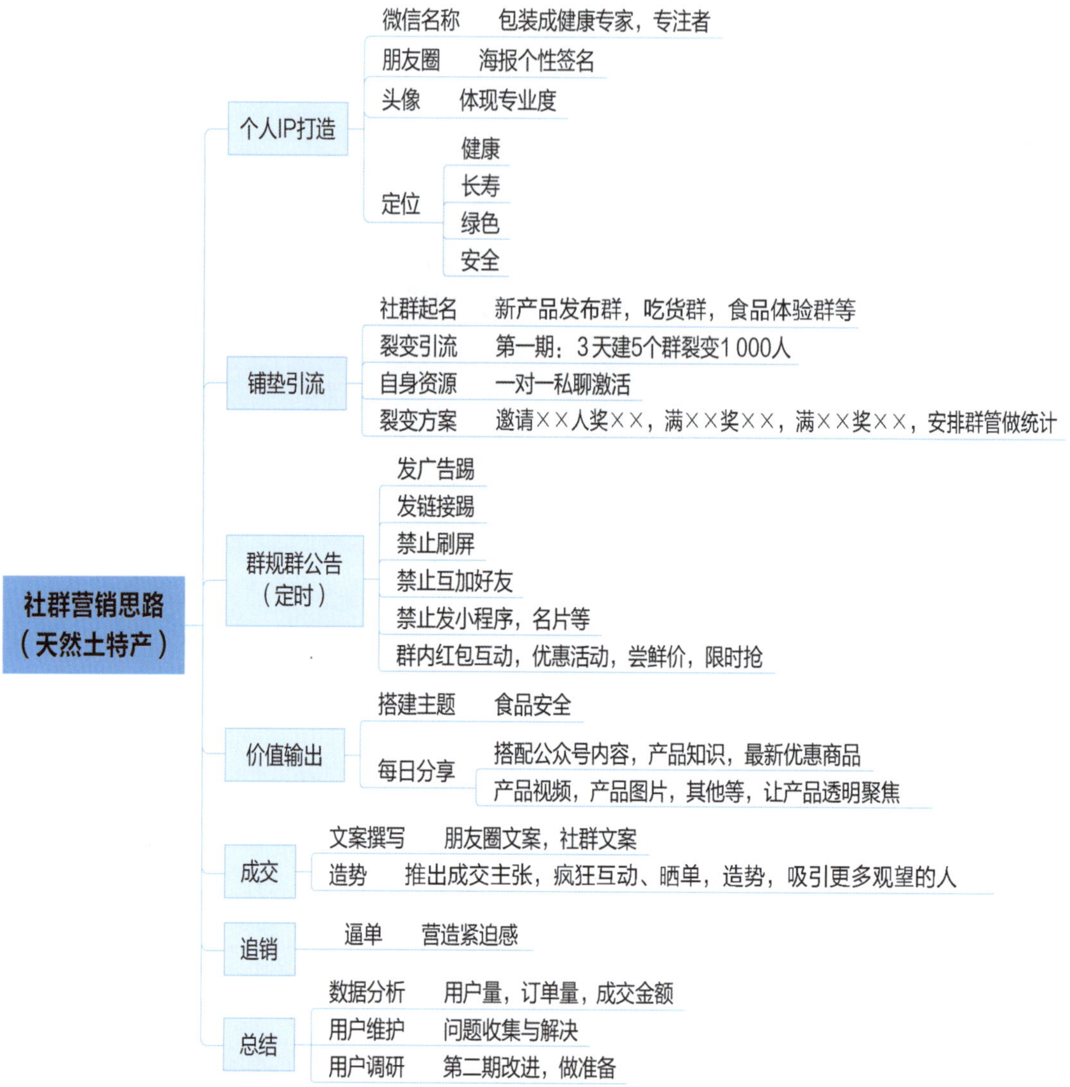

```
社群营销思路          ┌ 微信名称  包装成健康专家，专注者
（天然土特产）        │ 朋友圈    海报个性签名
                个人IP打造 ┤ 头像      体现专业度
                         │         ┌ 健康
                         │ 定位    │ 长寿
                         └         │ 绿色
                                   └ 安全

                         ┌ 社群起名  新产品发布群，吃货群，食品体验群等
                铺垫引流 │ 裂变引流  第一期：3天建5个群裂变1 000人
                         │ 自身资源  一对一私聊激活
                         └ 裂变方案  邀请××人奖××，满××奖××，满××奖××，安排群管做统计

                         ┌ 发广告踢
                群规群公告│ 发链接踢
                （定时）  │ 禁止刷屏
                         │ 禁止互加好友
                         │ 禁止发小程序，名片等
                         └ 群内红包互动，优惠活动，尝鲜价，限时抢

                         ┌ 搭建主题  食品安全
                价值输出 │           ┌ 搭配公众号内容，产品知识，最新优惠商品
                         └ 每日分享 │
                                    └ 产品视频，产品图片，其他等，让产品透明聚焦

                成交     ┌ 文案撰写  朋友圈文案，社群文案
                         └ 造势      推出成交主张，疯狂互动、晒单，造势，吸引更多观望的人

                追销     └ 逼单      营造紧迫感

                         ┌ 数据分析  用户量，订单量，成交金额
                总结     │ 用户维护  问题收集与解决
                         └ 用户调研  第二期改进，做准备
```

图1-5 某天然土特产社群营销思路

思考与练习

1. 建立农产品社群的优势有哪些？

2. 某农民要推销自酿葡萄酒可以采取哪些社群营销方式？

3. 打开手机，查看自己的QQ、微信中加入的群，概括这些群主要的类型，并选择其中一个介绍其构成要素。

任务二 社群运营准备

学习目标

1. 了解社群运营师的从业要求。
2. 掌握社群运营工具的类型和用途。
3. 能选择对应的工具进行基本的社群管理。

情境引入

王爱国准备通过社群营销方式线上和线下推广自家的乡村食材体验餐厅、销售原生态的食材，如土鸡、土鸭、土猪肉、鸡蛋、鸭蛋、特色水果蔬菜等农产品。如果借助社群营销来吸引客户线上线下消费，那么建群是他面临的首要问题，由于缺乏社群运营经验，王爱国决定先向专业的社群运营从业人员请教。

任务分析

建群容易运营难。社群营销不仅仅是建一个微信群、QQ群，然后在群里发信息、做活动这么简单。为了让建群后的社群运营能顺畅进行，在建群之前就要解决两个问题：一是"找谁来管理社群"——社群运营师，即咨询或聘请专业的人士来做社群运营，或者自己成为社群运营师；二是要确定社群运营的工具。社群运营都是基于互联网平台运作的，自然离不开社群管理工具或平台的操作，比如社群内容发布平台（微信、微博、QQ），社群在线协作工具（有道云、麦库、Teambition）等，都是社群运营必备的工具。

社群营销

一、社群运营师

随着移动互联网的迅速发展，社群营销成为移动电商行业的主流，社群运营师这一新兴职业也应运而生。社群是一群人经常互动、沟通、链接在一起，社群运营师则围绕着用户和用户、用户和企业做好一系列衔接工作，在社群发展中起着非常重要的作用。

（一）社群运营师的定义

社群运营师是指专门从事社群运营活动的人员，是为了实现企业的业务目标或品牌目标而从事社群构建、用户链接、日常运营及社群类资源整合和转化等的社群管理人员。社群运营师的重点工作有增加用户量，提升用户转化率和活跃度。

（二）社群运营师的角色和价值

社群运营师有两大角色，第一个是管理的角色，负责社群实务的运营和统筹，实现公司的运营目标；第二个是服务的角色，对内帮助团队，通过一系列运营、沟通、互动、碰撞和合作实现团队的成长，对外给用户提供价值，帮助用户实现他想要的价值。社群运营师在整个管理和服务过程中，会不断地收获价值，获得成长。社群运营师一般会获得这几种价值：

1. 品种职业化

社群运营师成为一个职业、一个岗位的时候，强调的不仅仅是简单的微信群的运营，还包括一些活动组织、产品转化、用户促活等非常重要的事情。很多互联网企业和传统企业对社群运营师的需求非常大。在三、四线城市这样一个岗位的薪酬可达到四千元，在北京甚至达到一万元，但是很难找，因为没有一套专门的课程或技能来告诉他们如何从一个普通的运营人员成为一名合格的社群运营师。

2. 产品的适用

作为社群运营师，要给用户提供产品进行销售，就要弄清楚产品的适用情况。

3. 个人成长和品牌价值的实现

值得强调的是，运营社群是对一个人情商的极度考验，作为社群运营师，他的各种品牌价值是在运营过程中自然而然被赋予的，要利用社群运营师角色实现自我成长，同时要打造社群运营师的个人品牌形象，吸引更多的品牌资源。

（三）社群运营师应具备的技能

1. 用户洞察

社群运营师在解决或处理人与人的关系时，要受到智商尤其是情商的考验。社群运营本质上是在研究人的心理变化、性质特征，然后对症下药，构建营销策略，因此对人不敏感的，不适合做社群运营师。

2. 用户服务

用户运营是社群运营的重中之重，那么如何做好用户服务呢？首先，社群运营师要耐心倾听用户抱怨，不能与用户发生冲突；其次，当用户产生抱怨时，要想办法平息抱怨，站在客户的立场上思考问题，将心比心，最后，要迅速采取行动，为用户解决问题。

3. 用户工具

社群运营师要熟练使用一些运营工具辅助社群管理，这些工具可以大大降低运营用户的时间，为用户提供最快的服务，在最短的时间内链接更多的人，把信息和价值在最短的时间传递给更多群成员，提高运营效率。

4. 内容采编

优质内容在社群运营中有非常重要的作用，如何做到内容与社群的完美链接呢？有3个步骤：第一，发起一个话题，让很多人参与进来；第二，共创规则，让每个人都能保证提供高质量的内容；第三，社群运营师将内容编辑整理加工，最后发布到公众号、头条、自媒体上，实现全员的转发和分享。

5. 群规制作

拟定群规对于社群运营是十分必要的，任何社群的运营都需要规则作为规范和指导。在建立社群之前，就要制订明确的入群规则、发帖规则、奖惩制度、踢人规则等，只有在规则的约束下，社群才能长久有序地发展下去。

6. 团队管理

社群运营师在运营一个社群的过程中进行团队管理有四个步骤。第一，要统一社群成员的价值观；第二，要统一社群成员的目标，只有在统一的思想、统一的目标指导下，社群成员的行动才会保持一致，管理效率才能够提升；第三，要发掘团队中每个人的优点，进行合理的分工，发挥每个人的长处；第四，团队中每个人都能够在社群中得到成长，实现和提升自身价值。

7. 孵化新群主

社群运营师必备的一项重要技能是能够孵化新群主。要能够在众多社群成员中识别出哪些人具有新群主的潜力。一般而言，一个有潜力的群主需要具备资源整合能力、个人沟通能力、精力和时间等优势。

8. KOL 整合

KOL（Key Opinion Leader）是意见领袖、专家、大咖的意思，在社群中具有非常高的影响力和号召力。社群运营师要能够找到人气高、专业能力强、影响力大、配合性强的KOL 来增强社群的吸引力。

9. 运营自媒体

社群运营师还需要具备自媒体运营技能。社群是一个相对封闭的圈子，无法对外开放，而借助自媒体，就可以将社群内部信息传播出去，为社群带来新鲜的优质流量。

10. 处理外部社群关系

优秀的社群运营师不仅能处理好社群内部的问题，而且能处理好与其他社群的关系，通过向其他社群学习有益的经验，以及与外部社群的良性竞争，促进自身的提升。

11. 拓展线下空间

现在的社群虽然都是互联网线上形式，但线下社群的组织和维护对互联网社群的发展具有很强的增益作用。线下社群活动和聚会可以拉近社群成员之间的距离，巩固社群发展的根基。能通过策划线下活动吸引用户也是社群运营师必备的技能之一。

二、常用社群运营工具（平台）

1. 内容发布平台

社群运营经常需要发布总结之类的文章，内容发布主要有以下三种渠道。

（1）微博：适合发布社群活动信息、社群活动图文照片。大家都去微博转发接龙，可以制造社群一起参与的气氛，同时也扩散了社群影响力。

（2）微信公众号：适合发布符合社群定位的原创文章，内部干货分享。社群成员阅读自发传播。

（3）H5：适合发布社群重大活动，或者年度总结等内容。H5场景激发用户对社群的感情，使用户自动自发扩散传播。

2．社交分享平台

社群日常交流多以QQ群、微信群为主，这些群都有语音视频分享功能，但在社群规模扩大以后，进行群交流分享需要解决群同步的问题。目前，基于微信群的在线分享工具大量出现，常用的跨群分享平台有一起、千聊、荔枝微课、红点、朝夕日历等。

3．社群运营工具

推荐使用的社群运营工具如表1-2所示。

表1-2　社群运营工具

序号	用途	说明	工具名称
1	在线协作	可以帮助社群搭建高效协同的组织方式，提升社群数字化管理效率	有道云笔记、teambition
2	在线表单制作	辅助社群管理活动，例如在群里在线接龙填写用户信息，需要使用这些表单工具提高信息搜集效率	麦客、腾讯问卷
3	在线制图工具	用于群发图片、表单素材的编辑与发布。例如在社群发布促销活动图片或海报，吸引用户注意力	MOCKINGBOT、创客贴、MAKA

（续表）

序号	用途	说明	工具名称
4	微信群管理工具	用于微信群用户管理，如用户裂变、社群公众号裂变、多群讲课、群机器人设置等	微友助手 图灵机器人 TURING RoBoT
5	小程序工具	用于社群变现管理和订单管理	轻芒 点点客 Dodoca
6	二维码制作工具	用社群活动管理	草料二维码 QuickMark 码客坊 模板码 微微二维码
7	排版工具	用于社群营销文案编辑	排版侠 微小宝 新榜编辑器 小蚂蚁微信编辑器
8	活动会议工具	用于社群活动开展	活动树 互动吧 活动行 活动易
9	数据分析工具	用于社群用户数据分析、后台数据统计等	百度指数 百度拓词工具 清博大数据 艾瑞网 头条指数
10	社群推广工具	用于社群 KOL 服务采购与广告投放	微播易 一道 天赐传媒 掌上大学 易赞

任务实施

王爱国在咨询了专业社群运营师之后，准备按照社群运营师的建议来搭建自己的社群。"巧妇难为无米之炊"，社群运营师首先建议他先摸索下常用的社群运营工具及社群管理的工具。王爱国决定牛刀小试，邀请同在做农村电商的微信好友，在千聊平台上做关于"农产品社群创业之路"的分享，初次体验社群活动。请结合相关知识和"阅读资料"，完成以下任务：

1. 任务目标

通过千聊工具发起一次针对微信好友的社群直播分享。

2. 任务载体

微信App端、千聊讲师App。

3. 实施步骤

①关注"创客贴"微信小程序，注册登录，如图1-6所示。

图1-6　登录微信小程序"创客贴"

②通过"创客贴"设计好友邀请海报，并群发给微信好友。先选定好邀请海报模板，如图1-7所示。在原有的模板上修改设置，注明分享时间和二维码，最后生成邀请海报，如图1-8所示，再群发给微信好友。

图 1-7　选择海报模板　　　图 1-8　制作邀请海报

③手机端下载千聊 App，如图 1-9 所示，并进行账号注册。

图 1-9　千聊 App

④创建千聊直播间，发起直播。在千聊 App，用户可以进行设置直播间信息、设置管理员、填写简要介绍等基本操作。发起直播时，如图 1-10 所示，要填写本次直播的主题，设置开始时间，选择直播类型。

图 1-10　创建直播课程

⑤在直播开始的前1天和直播开始的前1个小时，通过千聊直播页面"邀请嘉宾"（图1-11），将生成的邀请链接或邀请卡发送给微信好友，如图1-12所示，好友只要点击链接或扫描邀请卡上的二维码就可以观看直播，参与活动。

图 1-11　千聊直播页面　　　　　图 1-12　生成邀请卡

阅读资料

社群运营的必备六大工具解析

如果你想做好社群，深度开发社群潜能，最大化创造社群经济价值，那么，你的确需要几款好的新媒体工具。

一、建群宝——高效社群拉新工具

建群宝是一款通过做任务来帮助企业快速完成用户拉新的高效社群工具，如图1-13所示，通过策划活动以优质课程、知名IP或KOL等吸引用户进群，并引导用户不断在微信群、朋友圈转发活动进行快速传播，然后转化到公众号、App、官网。

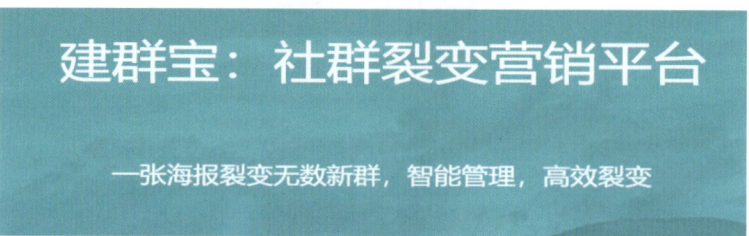

图 1-13　建群宝

在实际的操作中可通过建群宝自动建群：

1. 生成推广二维码
2. 生成推广海报并嵌入推广二维码
3. 海报通过公众号/朋友圈向种子粉丝推广
4. 种子粉丝入群，文案引导转发朋友圈
5. 种子粉丝转发朋友圈并发送截图到群内
6. 种子粉丝朋友发现海报并入群

二、微信群小助手——小U管家

这是一款社群管理工具，前身是公众号"一起社群"，现在已经改版升级，推出"小U管家"这个微信群管理服务的智能机器人。小U管家可以帮助开通社群空间，实现群数据统计、内容沉淀、娱乐游戏等功能，并将拉人踢人、发红包、签到通知自动化，如图1-14所示。

图1-14　小U管家

三、创客贴

创客贴是一款简单易用的线上图形设计工具。用户可以直接使用创客贴提供的大量素材，通过拖、拉、拽等操作就可以轻松制作精美的海报、邀请函、信息图，如图1-15所示。

图1-15　创客贴

四、一起学堂

一起学堂是专为知识型社群提供内容变现服务的平台，如图1-16所示。100%原声直播，支持多群同步转播，能实时同步语音、图文、小视频、小程序、文件和链接等，群内课程还会即时保存在直播间内，方便随时重播。一起学堂还提供了多种付费形式，拥有免费、付费、分佣等多种变现形式，让知识快速变现。而且操作也很简单，不用单独下载软件，手机、计算机都能操作。

图1-16　一起学堂

五、社群拍档

社群拍档是一款轻量级的社群运营工具，有手机小程序端和PC端，如图1-17所示。最大的亮点就是它不仅仅是一个工具，而是深耕社群的社交场景，提供了从建群、智能管理群，到运营内容与产品的群智能同步，到数据反馈优化提升群运营管理能力的整体解决方案。社群拍档提供了群头条、群接龙、群活动、群话题、群礼券、群会员、群直播、群分销等多元化的群运营场景，借助群智能助手实现多群的自动分发与管理，并通过数据反馈提供每次分发的指导意见，帮助个人和企业高效地激活社群，从而提高社群的活跃度和转化率。

图1-17　社群拍档

任务三 社群基础搭建

学习目标

1. 掌握社群搭建的规则和社群构建的步骤。
2. 能制订社群构建进度计划表。
3. 能按照社群构建原则创建社群。

情境引入

王爱国准备通过社群营销方式线上和线下推广自家的乡村食材体验餐厅和销售原生态的食材,如土鸡、土鸭、土猪肉、鸡蛋、鸭蛋、特色水果蔬菜等农产品,如果借助社群营销来吸引客户线上线下消费,那么搭建社群是他面临的首要问题。

任务分析

在发展迅猛的社群经济中,企业想要从中掘金,获得收益,第一步必然是建立自己的社群并吸收用户加入社群。建立社群就是让"对的人"在一起做"对的事","对的人"就是要吸引精准群成员,"对的事"就是要明确社群的主题和目标。企业需要发现和创建自己的社群,让社群传递信息并扩大市场份额,为企业运营服务。首先,要明确建群的目标,定位社群;其次,要根据社群标准化的运营流程,制订社群构建的进度计划;再次,精准定位吸收入群的用户;最后,研究社群维护的方法,保持社群的活力。

如何搭建社群基础

一、制订社群构建进度计划表

搭建社群要掌握社群标准化的运营流程。标准化的运营流程又称为"社群构建的进度计划表"或"社群规划 SOP 表",如图 1-18 所示。

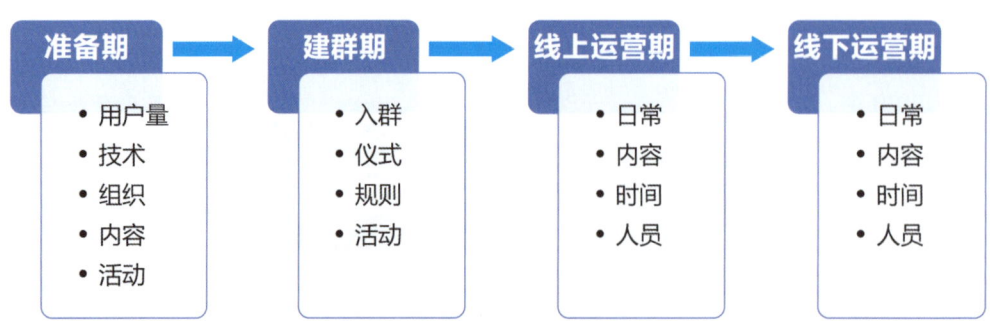

图 1-18　社群构建进度计划

1．准备期

在建群之前要做好相关准备工作。第一是"用户量"，要弄清楚运营的用户在哪，以及如何抓取这些用户；第二是"技术"，准备好运营社群时需要的技术支持；第三是"组织"，有了用户、技术工具之后，要明确组织构成，细化组织内成员分工；第四是"内容"，即每个社群都要针对用户本身的特点准备大量的资料，比如，关于农产品试吃模块，就会找一些用户试吃案例等，在运营过程中进行内容的不间断投放；第五是"活动"，指活动方案和活动排期，例如，关于农产品推广模块，每个月分别做一次线上和线下活动，分别确定主题和时间。然后，为活动设计流程、用户参与环节和礼品。

2．建群期

建群一般包括两个环节：入群环节和进群仪式。入群的方式有很多，主要有以下两个：①吸引式：将群的二维码放在我们的朋友群或公众号里面，让用户直接扫码进入；②邀请式：如果某一个人的标签是符合我们社群成员属性的，则直接将他拉进群。

入群之后，要做社群的仪式感，比如，某美食吃货群，只要有新人进群，都会有一个列队来欢迎这些新人的加入。接下来，要马上发社群的群规，告诉用户我们是怎样的一个社群，能够给用户带来哪些价值和帮助。

3．线上运营期

线上运营包括日常运营和活动期运营。计划从早到晚社群在每个时间节点上要做哪些事情，就是日常运营。而在"双十一"期间，所有直播间农产品有折扣优惠，就是活动运营。

4．线下运营期

主要是线下活动，如线下的沙龙、地推等。通过线下运营可以进一步吸引新用户入群或增加用户的黏性，加强社群推广的效果。如何开展线上运营和线下运营活动，将在后续的章节中具体描述。

表 1-3 是某社群制订的社群规划流程 SOP，可用于参考。

表 1-3　社群规划流程 SOP

流程	项目	具体项目	内容说明	参考案例
第一步	群定位	建群目的	一定要有一个共同的目的，这才能让所有人都朝着一个方向共同去努力	卖水果——想让大家每天都能够吃到新鲜便捷的水果 群名可以定位为：×××福利群/×××暴富群
第二步	内容规划	群规范	在建群最开始都确立并执行社群的基本管理规范是一个社群良性发展的基础 在建群一开始就要经常性地重复，这样后期成员会主动维护	群规示例： ①本群为×××福利群，群内为分享美食日常生活小经验+特土产交流群 ②群内可以聊天，美食交流，可以抢红包，可以约吃喝玩乐等一切有意思的东西 ③请勿发送任何商业广告（软广告、硬广告） ④退群自由
		内容输出	每周最少1次美食知识分享 每月至少1次新品上新	可以在群内分享天然食材的保健养生功效。不要刻意去分享，擅长什么分享什么
		产品输出	日常的团购、秒杀、好物种草等的产品售卖、分享，以自用型分享最佳，文字+图片+视频形式最好	要了解产品，分享产品，能够出镜，以真实体验去分享转化最高 输出格式：文字+图片+视频形式
		价值观输出	正向的价值观有利于社群文化打造	女农户一手带娃一手赚钱，精神物质双重独立，能赚钱，能养家等
		互动内容	社群互动，可采取小游戏、群内话题聊天、打卡的方式	比如前期组织小互动游戏、中后期组织打卡活动等增加社群中客户黏性
		服务	一对一交流，产品推荐，售后问题处理等	不定期的红包，如广告红包、反馈红包、节日红包等 使用反馈，好的反馈是销售转化最重要的因素之一
第三步	人员管理	强IP	专业的美食评论老师，通过他专业的授课获得大家的认可和追随	有时间，有能力，有专业，以人格魅力去带动群氛围
		核心用户	群里面相对活跃的用户	带动整个社群的积极性和活跃度
		群托	积极回复群主问题，带动群氛围	避免出现冷场，不能群主说完话，没人回复
		普通成员	群内的一般用户	进行促活管理
第四步	社群激励及价值	产品价值	提供满足用户需求的产品、服务	正在销售的产品，为用户寻找匹配需求的产品服务
		物质价值	针对内容创造者、群管理者、活动发起者等活跃分子、积极分子进行物质激励	①不定时送优惠券 ②送产品，比如一盒水果 ③送试用装，送新品 ④送线下体验等
		精神激励	针对内容创造者、群管理者、活动发起者等活跃分子、积极分子进行精神激励	①社群专属昵称，比如每周之星，分享达人，美食达人等专属称号 ②商城首页个人展示 ③个人专属海报，官方个人号帮助宣传 ④给予最佳社群管理奖，并参与辅助管理社群等

二、明确社群构建规则

（一）设置入群规则

做好成员入群时的筛选，社群通过设立一定的入群规则来保证群成员的质量，并能增加入群的仪式感。设置入群规则要注意以下几个问题：

1. 向群成员传递群定位信息

无论农产品社群搭建采取 QQ 群还是微信群，让群成员井然有序是管理社群的第一步。每个群成员的头像、昵称要保持一致，让社群显得更加规范，有利于群管理员更好地进行管理，群成员之间能快速地互相认识。设置群昵称时，建议不要使用非主流的文字或符号，尽量少用空格、横杠或者复杂符号，常用的社群成员命名格式可以为"昵称+行业+坐标""姓名+城市+职业""归属地+类型+序号"。

2. 明确入群后的任务

好的社群运营，要让入群的成员一进来就知道这个群的主要作用。社群管理者可以通过群公告或者入群须知告知群成员入群后的相关事宜。一般来说"群公告"和"入群须知"需要包含以下几个方面：

（1）群用途：这个群是干什么的。

（2）社群的运营安排，包括日常和活动两部分。

①群通知：按照进度计划表需要发布的内容。

②鼓励内容：如让入群的自我介绍、原创分享等。

③禁止规定：如禁止发不文明用语、禁止发广告等。

3. 明确群成员信息

群成员入群后，需要进行自我介绍，让成员间互相熟悉。在自我介绍的时候，可以提供一个自我介绍的信息模板，让成员在这个模板基础上进行补充，这可以帮助一些内向的群成员更好地介绍自己。要求做自我介绍的社群需要考虑社群的规模，如果人数过多，就不宜一个个自我介绍，容易刷屏，管理员可以要求嘉宾进行介绍。

（二）设置交流规则

社群离不开交流与讨论，交流的话题不局限于与社群主题相关的内容，但随着群成员人数增多，群内的交流制度需要进行合理设定。一个优秀高效的社群应该是一个有组织、有纪律的集体，群的活跃度需要控制在一定范围内，否则当群活跃度过高时，容易产生刷屏现象，影响群成员的使用体验。

例如，一个在线学习型社群，如果学员经常聊天，就容易刷掉老师的发言，使部分学员提出的问题无法及时得到回复，学习质量会大打折扣。在适当的时候，尤其是对于群成员较多的群，在有重要活动或通知时，可以开启全员禁言，以免发生重要信息遗漏的情况。

社群交流规则应该包含以下几个部分：

（1）聊天时禁止发语音，使用的文字要统一字体字号和颜色。

（2）有些特殊的群，如工作群，工作日禁言，周六、周日开放自由讨论时间。

(3) 禁止问一些"傻瓜式"问题，禁止"伸手党"的行为。

"伸手党"是指毫无感恩之心地无偿索要别人的劳动成果，或要求他人无偿为自己提供帮助的人群。伸手党的大致特征如下：

①任何资源（图片、音乐、链接等）都只想经过他人直接获得而不自己搜索。②虚拟社区（线上游戏、讨论区等）内讨要点卡、高级账号。③理直气壮地向别人索要他人成果。

(4) 未经管理员许可，所有成员不得发布任何广告。

(5) 文明沟通，如在其他成员没有表达完观点前，不要插话和刷屏，或故意打断对方。

(6) 允许质疑观点，但需要有充分论述。

(7) 可以有观点的争论，但不允许对其他成员发起语言攻击。

此外，群成员的交流必须遵守平台的相关规则，遵守互联网公约，管理员和社群成员之间相互监督，共同营造健康的社群环境。

（三）设置奖惩规则

奖励与惩罚是社群运营中必不可少的手段。设置合理的奖惩机制有利于提高社群的活跃度，维护社群的良好秩序。奖惩规则的制订将在下一章节"管理社群平台"中详细讲解。

以下是某微商社群的"奖惩制度"案例（部分）：

社群实行等级制，100 分升 1 级，入群默认 1 级，昵称后标注 Va+b，表示等级＋积分。

1．奖励办法

(1) 传播奖：把社群入门帖转发到其他微信群，并且留言"欢迎捧习，找我登记"，凭截图奖励 10 分。

(2) 人头奖：邀请好友进群，并且帮他登记位置、职业、爱好，奖励 30 分。

(3) 分享奖：主动分享资源，或者帮群友寻找资源，一次奖励 5 分，每日有上限，但是根据内容的价值适当浮动。

(4) 商业奖：主动购买社群推荐的商业项目，即可得到奖励，原则上让群主赚 1 块钱，即可奖励 1 分。

(5) 建议奖：主动向群主提建议，由群主酌情奖励，就算不采纳也可以奖励。单次奖励不超过 100 分。

2．惩罚办法

社群禁止广告、游戏、拉票，禁止一切垃圾信息，犯规可以扣分。扣分规则十进制，第一次 1 分，第二次 10 分，第三次 100 分，以此类推，扣光踢出。

（四）分享规则

群内定期制订分享活动有利于提高社群质量，也能大大提高群成员的活跃度及积极性。一般常用的分享模式有以下几点：

(1) 群主、群管理定期分享。大部分愿意进群的成员，是冲着领头人来的，希望领头人可以分享更多的干货，大家从中获得更多知识。

(2) 邀请大咖定期进行群内分享。很多社群都会与互补的社群合作，互相邀请进行分享；

或者直接邀请行业内大咖进行分享，很多群成员也是因为这个因素入群的。

（3）群内轮流分享。这种模式社群比较少见，如果群人数众多，不是很好掌控，但希望进一步提高社群活跃度，可以采用这种模式，注意准备有质量的话题讨论，但一定要控制分享主题，尽量与社群定位相关。

（五）淘汰规则

对于一个完整的社群，定期淘汰不符合规则的成员是非常必要的，而且淘汰制会给成员紧张感，更让大家觉得这个社群质量非常高，一定有价值，愿意努力付出留下来。

一般淘汰制的规则有以下几方面，大家可以参考：

1. 人数定额制

例如，某社群满100人，即为群满，定期筛选长期潜水的成员移除出群。移除一个群成员，才可以进入一名新成员，这样确保进入的成员倍加珍惜这个社群。

2. 违规删除制

社群规则在最初就已经发布，所有群成员包括管理员都应该遵守。凡是违规者，根据违规次数接受相应惩处，违规次数过多直接删除出群。

3. 积分淘汰制

部分社群有积分制度，积分淘汰可以帮助社群提高质量，如果群成员积分低于设定的标准，该成员就会被认为不符合入群的基本条件，被管理员移出社群。

三、搭建社群的步骤

了解了社群的构建规则之后，就可以着手搭建社群了，一般来说，社群的搭建分为以下几个步骤：

（一）确定建群目的

一般来说，建群的目的有以下几个方面：

1. 更好地销售产品和提供服务

直接在群里分享商品图片和商品购买链接，如图1-19所示，或者在群里宣传自己所销售的商品的特点和服务优势等。

2. 聚集兴趣

很多社群的目的是将一群有相同爱好和兴趣的人聚集在一起，例如，美食分享群、化妆保健养生群等，如图1-20所示。社群通过吸引这些具有共同兴趣的人构建起一个属于他们的圈子。

3. 打造品牌

出于打造品牌目的建立的社群，旨在为用户建立更紧密的关系，当社群规模扩大之后，品牌的传播力就可以得到增强，能够对品牌宣传起到积极的作用。

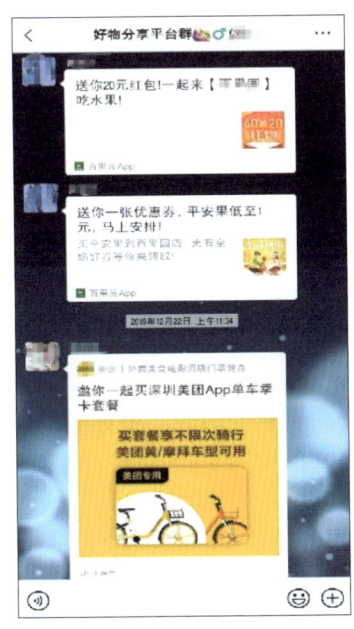
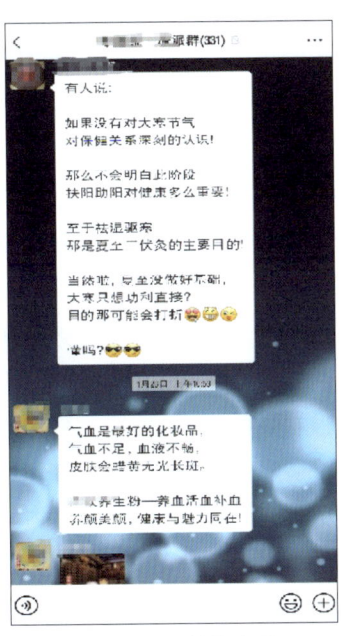

图 1-19　某购物群分享商品链接　　图 1-20　某养生群

（二）确定社群用户

社群成立之初，需要吸收群成员。而第一批必须是社群的核心用户，这些人在群运营工作中会起到至关重要的作用，决定社群运营的成败。第一批核心用户通常需要依靠创始人的人脉来邀请，或者从垂直论坛寻找，这些核心用户必须高度认可社群文化，必须在他们的细分领域拥有一定的话语权和影响力，还要乐于分享。

例如，小米的产品型社群，在成立之初，首先从万千潜在用户中筛选 100 位 KOL，这些 KOL 名气不一定大，但在细分领域有绝对话语权和影响力，还有一定的语言表达力，当然能幽默风趣就再好不过了。更关键的是这些 KOL 都有一个共同的爱好，喜欢分享，晒个不停。

除此之外，还要了解群用户都是哪些人，分析用户的消费习惯、购买习惯、购买路径；还要了解用户的社会属性如性别、年龄、职业、收入水平等，绘制用户画像，精准定位群成员。

（三）丰富社群内容

想要搭建一个成功高效的社群，则需要考虑社群能够输出什么样的内容，能够为群成员提供什么。因此，丰富社群内容是社群构建者必须要考虑的重点。可以考虑策划一系列的活动对内聚拢成员，强化成员关系，对外宣传社群核心价值，吸引新成员加入，以丰富社群内容，保证社群的活跃度。例如，某农产品社群，会不定期邀请一些村主任、专家或网红明星前来分享农产品知识和商品使用体验，同时也制订激励机制引导群成员主动分享。如果群成员本身的质量较高，就能产出较多优质的原创内容，能够在群里进行内容分享和讨论。

（四）形成社群文化

一个社群如果有自身文化，那么意味着该社群对内有较强的聚合能力，对外有进行文化输出的能力。在社群内部构建独具特色的社群文化，是所有社群构建者和运营人员的目标。社群文化的形成可以从以下几个方面入手：

（1）设置社群标签：一个具有好标签的社群，更容易调动社群成员的存在感和认同感。社群标签的设立应当做到易辨识、与众不同、简明扼要。

（2）提升社群归属感：只有成员认同归属社群，这个社群的生命力才能长久。因此，多进行线上和线下的互动、活动等，有利于保证社群的凝聚力。

（五）维持社群活力

社群成功搭建后，如果不进行有效维护，会导致社群死亡。社群运营者要通过一系列的措施进行线上线下运营，保证社群的活力，延续社群的生命力。例如，某农产品社群，一方面，打造社群领袖，让社群领袖分享农村电商创业经历等，增进群成员之间的彼此了解；另一方面，时不时向群成员派送红包或给予其他精神奖励，调动他们的积极性，增强群成员的归属感，这些都是维持社群活力常用的手段。

四、社群基础管理

社群运营者最主要的工作是进行社群的日常管理。社群日常管理包括三方面的工作：群成员维系、群消息管理、用户答疑。

（一）群成员维系

维系好社群成员，才能维持社群的生命力。一般来说，群成员的维系包括群规则设置、群昵称管理、成员移除管理等。

1. 新入群欢迎及群昵称管理

为了方便管理群成员，使群成员之间相互熟悉，在欢迎新入群成员时，社群管理员可以规定群昵称的设置规则。群昵称的设置通常有规定的模板，让成员按照统一的格式来进行命名，如图 1-21、图 1-22 所示。

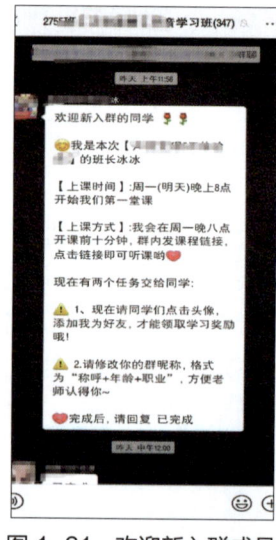

图 1-21 欢迎新入群成员

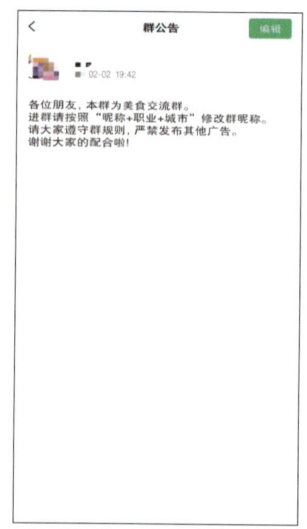

图 1-22 群昵称管理

2. 设置群规则

群规则主要包括邀请新人规则、日常交流规则和奖惩规则，这里重点介绍奖励规则和惩罚规则。奖励机制有多种，概括起来可以分为物质奖励与精神奖励两大类。

（1）物质奖励。物质奖励包括群成员自发打赏、赠送产品、产品试用奖励，甚至现金奖励。红包打赏同样是有效的物质奖励机制，只要群成员为社群的产品、服务或者是社群管理模式提出了有效的建议，管理员就可以给他一定的红包奖励。数额无须太多，但一定要在群里当众表示。

（2）精神奖励。精神奖励包括置顶说明、颁发荣誉奖章，或在产品界面中致谢，甚至可以是"实地奖励"，如小米社区的"米粉之星"评选活动。"米粉之星"是小米社区对年度优秀"米粉"（从小米社区特殊组及普通用户组的优秀"米粉"中遴选出的杰出代表）给予的最高荣誉称号。无论采取哪种奖励机制，都应该以"为社群贡献力量"为基本原则，只要是对社群的发展有益，得到所有群成员的一致认同，那么他就应该获得鼓励与奖励。

为了形成更加广泛的奖励机制，让所有群成员都有一种"荣誉感"，可以建立签到奖励机制。例如，某美食吃货社群规定，连续签到 15 天可获得 5 元优惠券，连续签到 30 天可获得线下活动参与资格，连续签到半年可获得会员升级资格等。群成员一旦养成了每天签到的习惯，不仅为社群带来了全新的奖励机制，还加深了社群在群成员心中的存在感。

为了维护社群的良好秩序，保证社群健康有序地发展，惩罚机制必不可少。通常来说，社群惩罚机制主要包括以下几种模式：

（1）小窗提醒。对于影响较小的错误，如群成员由于计算机、手机等硬件故障反复发布同一条信息的情况，管理员只需要向该成员发出小窗提示即可。

（2）私下单独警告。如果社群成员的违规行为较为严重，给其他成员或社群运营造成了不良影响，如发表不当言论、无理取闹等，管理员应该主动与其沟通，要求对方停止无理取闹，并向其强调："不得发表不当言论！有不满可通过合理的、符合规定的方法投诉，而不是在社群内不断发牢骚。"

（3）短暂禁言警告。随着社群成员不断增多，群成员之间难免会发生一些摩擦，可能会在群里争吵不休。如果双方的争吵没有上升到人身攻击，管理员可以向双方发出短暂禁言的警告，待两人心平气和之后再解封。

（4）公开惩罚。对于经多次劝说无效，甚至开始谩骂、进行人身攻击的社群成员，一旦发现，管理员应该对其进行公开惩罚，如在社群公示其名字。此外，要在社群中详细说明其所作所为，最好配有截图、语音等证据，使其心服口服，也让社群其他成员引以为戒。

3. 成员移除管理

社群中总会有一些成员是与社群文化不相符合的，群管理员需要对这类人及时进行移除，以保证社群内成员的目标一致性。对于在群里从不发言、从不参与社群活动、经常发表反面言论、对其他社群成员进行人身威胁、金融诈骗等的成员，群管理员可以将其直接踢出社群，并禁止其再次申请。同样，群管理员要在社群中对踢群信息进行公示，并明确说明该人员违反了哪些社群规定，对其他社群成员进行警示。

（二）群消息管理

进入社群后，群成员开始接收社群内的信息内容。这些内容有的来自群管理员，有的来自其他成员。管理员需要做的就是管理这些信息，一方面以管理员的身份来制约他人的发言，如规定发言的方式、类型，指出明确禁止发言的内容；另一方面可以对群成员进行每日早晚问候，维持社群活跃度。管理员也可以发布一些与群主题相关的内容，以此吸引群成员。

（三）用户答疑

群成员有时候会在社群里提出问题，群管理员应当时刻关注社群内的信息，了解成员的意向，并提供解决方法，如图1-23所示。通过这些日常行为维系成员之间的关系，为后续的社群转化做铺垫。

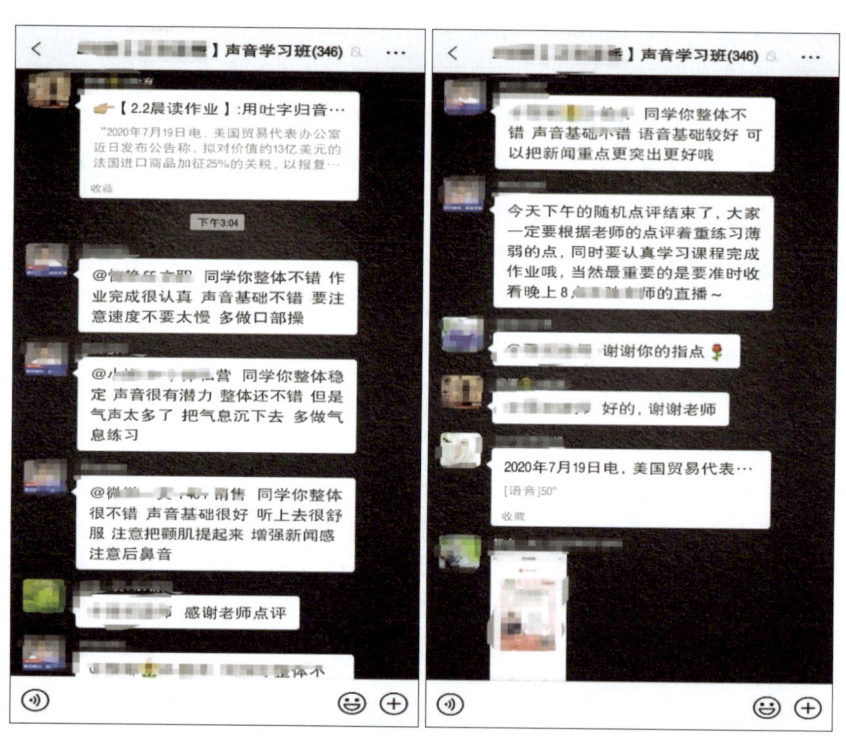

图1-23　群内用户答疑

任务实施

王爱国为了线上和线下宣传推广自家的乡村食材体验餐厅、销售原生态的食材，将着手建立一个原生态食材分享社群，目的是进行好物分享、产品销售。请结合本任务背景和"阅读资料"，完成以下任务：

1. 任务目标

通过微信平台建立一个名为"原生态食材分享群"的社群，制订社群构建进度表和社群规划 SOP 流程，发布社群规则。

2. 任务载体

微信 App、群主昵称设置、入群欢迎话术、群公告内容、社群规则内容、社群构建进度表等。

3. 实施步骤

①制订社群构建进度表，如表 1-4 所示。

表 1-4　原生态食材分享群构建进度

节点	准备期	建群期	线上运营	线下运营
时间				
具体内容	①用户： ②技术： ③组织： ④内容： ⑤活动：	①入群欢迎模板： ②自我介绍模板：	①日常运营： ②活动运营：	具体活动：
参与人员				

②制订社群规则，如表 1-5 所示。

表 1-5　原生态食材分享群规则

●社群定位	
●入群条件	
●交流机制	
●奖惩机制	

③在微信界面建立社群。点击微信主界面右上角【+】，点击【发起群聊】，选择好友进入该群，如图 1-24 所示。

图 1-24 建立微信社群

④在原生态食材分享微信群里设置管理员昵称为：_____；管理员开展入群仪式，列队欢迎新入群成员。将社群规则以群公告形式发布。

⑤对群成员进行统一管理，要求群成员修改群昵称为"昵称 + 行业 + 坐标"格式。

⑥制订最终的社群规划流程 SOP 表。

阅读资料

某交流型社群的社群制度

一、社群定位

面向大学生，以职业规划实习实践为主的分享交流群体，包括如下：

（1）行业动态（行业热点 / 岗位趋势 / 招聘信息）。

（2）职场技能（面试 / 礼仪 / 办公 / 职场小故事）。

（3）职业问答（企业 HR 在线咨询 / 行业大牛在线解答）。

（4）热点话题 / 线下活动。

二、入群条件

（1）在校大学生（侧重应届毕业生）。

（2）企业 HR+ 行业导师。

三、管理制度

1. 社群管理准则

（1）本群仅用于大学生的互相交流与沟通，分享经验心得。

（2）严禁其他经群主及管理员一致认为应禁止的活动及话题。其他事宜另行补充。

（3）在线长期不发言的群成员请自动退出本群，群管理定期对不经常上线的人员进行清理，以保持本群活跃度。

（4）欢迎积极发言，反对灌水，活跃群内气氛，讨论话题内容健康，情趣高雅，积极向上，避免低级无聊的话题，保持良好的聊天环境。出现任何纠纷请尽量克制，以解决问题为主。大家之间相互交流，以使本群达到建立之目的。

四、社群成员制度

（1）禁止在群内发布互刷、互藏、兼职、求职等信息。

（2）群里不容许发布木马病毒或黄色等损害他人利益的不良文件及信息，违反者会被禁言或随时清退，特别严重者报给公安机关处理。

（3）聊天内容中，禁止谈论暴力、反动、政治、军事等与本群宗旨无关的内容。

（4）聊天字体建议使用12号及以下大小的常规字体，禁止恶作剧刷屏影响他人交流。

（5）聊天内容中，严禁出现直接与非直接侮辱、诋毁、谩骂他人的话语及图片等内容。

（6）严禁利用QQ群拉帮结伙，制造群体不和或挑起群体争斗事端。

（7）加入群者请使用"学校＋专业＋姓名或昵称"的格式命名，群名片中请填写备注栏，联系电话勿填。

（8）严禁发任何以盈利为目的的商业广告及变相广告，严禁大篇幅地转发信息。

（9）禁止发任何形式的链接内容，包括图片等。

（10）严禁发布任何有损本群利益的信息。

（11）凡是说话时带有自傲心理、攻击性和轻蔑心态的、说粗鲁和脏话者也将予退群处理，不再给予机会加入本群。

五、群管理员权利及义务

（1）必须熟悉接收新人（注意接收条件的变化）的相关管理章程，管理群内的日常事务，耐心解答菜鸟的问题，倾听建议、意见，公正合理地处理违规投诉，维护群内稳定、团结。

（2）违反或不遵守群规章制度的群员，管理员有权移出本群。

（3）定期整理群成员名单，对于群内长期不发言、潜水者，恶意诽谤攻击群组织者，管理员有权利移出群。

（4）群管理员有权劝退或清退扰乱群秩序的成员，清退时须公开说明事因或事先告知原因。不能因个人原因清退，违者警告或免除其群管理员资格。

（5）审核成员的聊天、发帖及照片内容，有不符者要及时提出警告。

（6）贯彻及宣传群规，对违规者进行处罚（包括论坛上列黑名单及除名）。

（7）化解成员间的纷争、矛盾。

（8）发布公告、组织聚会、论坛总结、整理照片等。

（9）有责任心，并勤于管理群事务，能为群发展出谋划策，积极增加新成员，尽力支持并推广群的各项活动。

（10）社群管理员有义务经常到群上发言，包括群主。

六、投诉

群成员如果对管理员不满意，请勿直接退群，请先找群主沟通。对本群任何管理或其他群员不满，请直接联系群主或管理员投诉，请投诉者拷贝保留证据，通过群主和管理员的邮箱或直接电话投诉。

思考与练习

1. 查看自己加入时间最长的社群，分析该社群的日常管理方法，总结该群活跃度高的原因。

2. 找到一个活跃度低的美食分享类社群，分析其发展的历程和衰亡的原因。

项目二
社群用户营销

在移动互联网背景下，传统的获客（拉新）渠道成本逐渐攀升，社交电商的优势得以凸显。越来越多的平台开始选择新的赛道，纷纷建立起自己的移动社交电商渠道。移动社交时代传播的核心就是影响那些在社群中有影响力的用户，通过这些超级用户，影响他们背后的朋友圈，引发社群共振效应。

如图 2-1 所示，伊利味可滋产品的性格标签实践探索就是一个完美的社群用户营销案例。伊利的精准化营销，首先在于寻找品牌的顾客细分。在基于数据与用户画像的基础上，伊利味可滋为网友打造了定制化的"身份瓶"，共 14 种网友的社交画像，为每个瓶身贴上其中 1 个性格标签，年轻一代消费者可以"对号入座"表达其人格魅力，由此也激发了网友的互"黑"热情。

图 2-1　伊利味可滋产品标签

这种以贴标签"互黑"的品牌概念，迅速得到了年轻网友的共同响应，网友与网友，网友与明星在微信、微博等社群平台互动，使伊利味可滋产品迅速成为引爆社群平台的潮流爆款产品。由此可见，社群营销的核心在于构建企业与用户的信任共同体关系，通过社群为个体实现自我赋能，最终实现用户与社群相互赋能，形成良性循环。对于农产品经营者而言，要根据产品受众、品牌形象去定位目标客户，并通过社群影响到更多潜在客户。正如微信创始人张小龙所说——"唯有靠用户去留住用户，靠口碑才能赢得口碑"。

农产品社群营销

任务一　用户画像分析

学习目标

1. 了解社群用户标签的特点。
2. 了解社群用户画像基本构成要素。
3. 能够找出社群用户标签，并刻画农产品用户画像。

情境引入

王爱国之前在深圳开了乡村食材体验餐厅，这家餐厅不仅供应以乡村原生态食材做的各种美味，还销售原生态的食材，如土鸡、土鸭、土猪肉、鸡蛋、鸭蛋、特色水果、蔬菜等农产品，店内的主要客人是本地居民及来自五湖四海的游客。现在转战社群，他该如何寻找自己的目标客户群体呢？

任务分析

"顾客就是上帝"，能让消费者（顾客）认可的农产品才具有影响力和市场活力。在社群营销中，有了目标客户群，营销活动才能得以实施，营销内容才能得以传播。在用户营销过程中，寻找目标客户群至关重要。农产品经营者应当根据产品受众、品牌形象来定位、寻找目标客户群，而不是盲目地在互联网平台上推广产品。在具体操作时，要通过用户调研、数据收集确定用户标签，再通过数据分析，根据用户标签刻画用户画像。

用户画像

微信生态下，社群成为企业和个人不可或缺的营销利器。而想要做好社群运营，首先就是要做好社群的定位和用户画像。

一、用户标签与画像描述

用户标签是构成用户画像的核心因素，是对某一类特定群体或对象的某项特征进行的抽象分类和概括，是人为规定的高度精练的特征标识。比如，对于"人"这类群体，可将"男""女"这类特征进行抽象概括，统称为"性别"，性别即一个标签。同样地，年龄、地域、兴趣、职业、收入等也属于标签，而集合这些标签就能抽象出一个用户的信息全貌，即用户画像。

简言之，用户画像（user persona）是通过收集和分析目标用户的社会属性、生活习惯、消费行为等方面的数据后，抽象出的用户商业特征。即用户画像就是给用户打标签。用户画像的作用体现在以下几个方面：

（1）更直观地了解现有用户群体与类型。针对不同类型的客户，推荐与其有关联的商品，实现精准营销。群内成员集中分布在哪里？哪个年龄段人数最多？大部分人处于哪种收入阶段？

（2）为群定位，确定日后用户拉新类型。群里是什么类型的人，你就需要拉什么类型的人。群成员喜欢消费，你就不能拉喜欢储蓄的人；群成员都是热爱三次元的人，你就不能拉喜欢二次元文化的人。应当找到用户之间的共性与共鸣。

（3）更好了解群成员需求。为他们提供喜欢、感兴趣的内容与活动，从而提高活跃度与参与度，延续社群生命力。

（4）以此为基础优化、改进后续的运营方案、计划。

二、如何构建社群用户画像

接下来将通过二维火点餐 App 用户画像思维导图的案例，学习如何构建社群用户画像。

（一）寻找目标用户

有些社群的人数规模是有限的，不可能一次性将所有用户都设置成服务对象，也无法服务所有人，所以要根据社群的定位，确定目标用户，精准度越高越好，虽然人数会相应减少，但是共性特征会更多，极大便利了后续操作。比如，你发一篇农产品知识分享的文章，让大家扫码进群，可能会引来很多看热闹的人；而如果让他们回复关键字得到二维码进群，就会筛选掉一大部分看热闹的人。不管怎么样，门槛越高，你能找到的用户越少，但同时也越精准。

二维火点餐 App 的用户构成如图 2-2 所示。

（二）观察交流，采集用户信息

如果用户朋友圈对我们开放，可以多看看他们的朋友圈，可以从发布的内容里大致了解一些基本信息，比如，喜好、风格、性格等，并对一段时间内发布的信息进行梳理。

如果用户不发朋友圈或者朋友圈发布的内容较少，则可以选择直接私聊沟通。聊天也是了解一个人最见效、最快捷的手段，不过前提是我们会聊，乐于与用户沟通，执行力强。采集用户信息可以尝试以下方法：

（1）调查问卷法。将用户聚集在一个群里进行调查，但要注意设计的问题不要复杂，通过奖励参与提高参与度和完成度。

（2）趣味活动法。可以结合当下的热点，来设置活动，在社群内获取用户信息。

（3）会员制。可以让大家进行会员注册，通过测试来摸清社群用户喜欢的内容。

如果手头上运营着多个社群，也可以尝试问卷调研的方式，在问卷环节，可以为真正

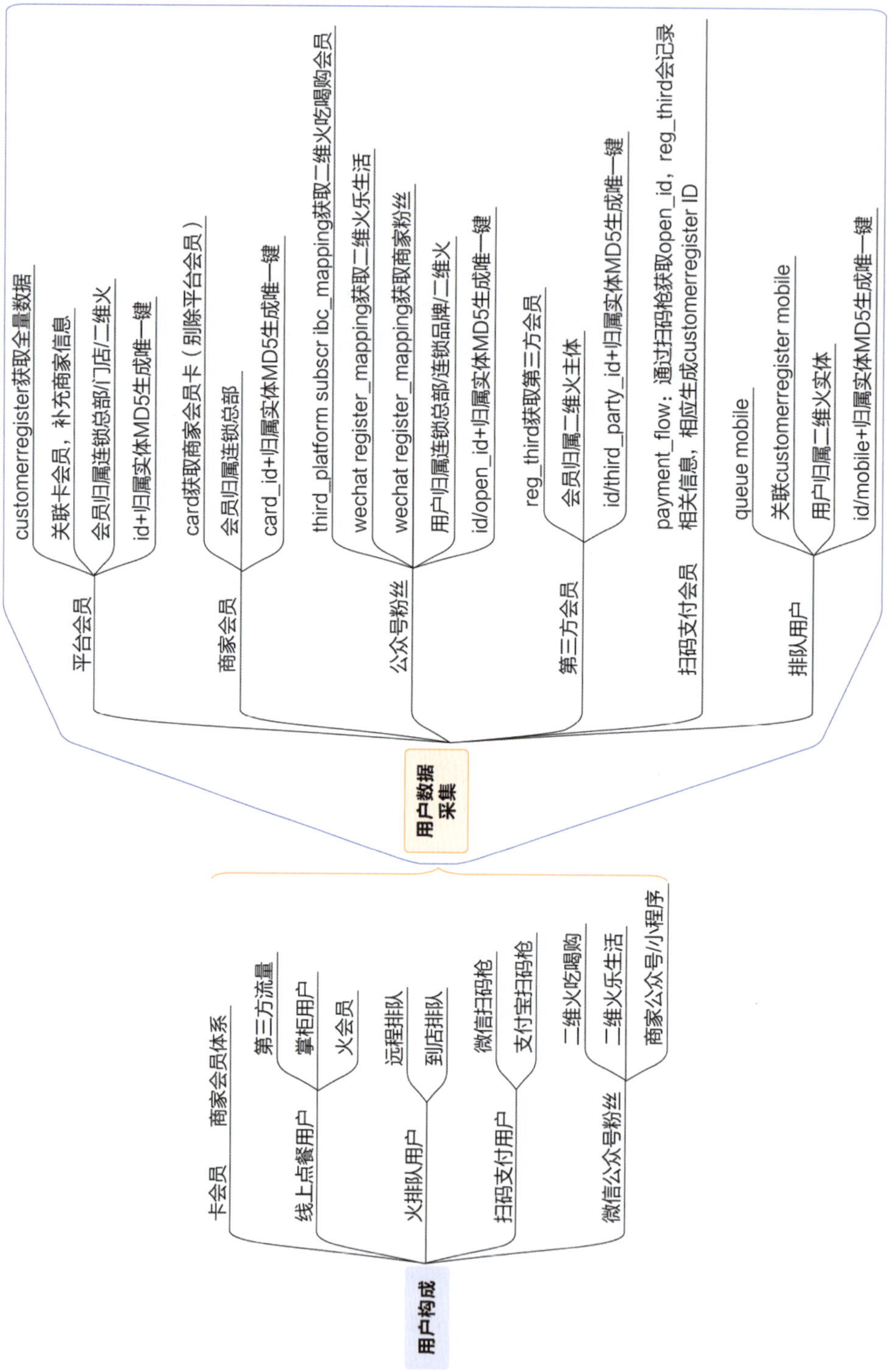

图 2-2 二维火点餐 App 用户构成

完成的人设置一些小奖励，对于完成的标准，也可以提前做一下说明和要求。

例如，社群问卷调研，可以按照以下步骤操作：

第一步：先通过朋友圈收集数据，主要是分享的内容类别和发布朋友圈的时间规律两个方面的数据。

第二步：利用问卷星平台做一个问卷链接，内容包含打开微信群的频率、时间、用户感兴趣的内容等。

第三步：事先编辑好文案，在群里利用群公告通知，并附上问卷星的链接或二维码。

二维火点餐 App 的用户行为如图 2-3 所示。

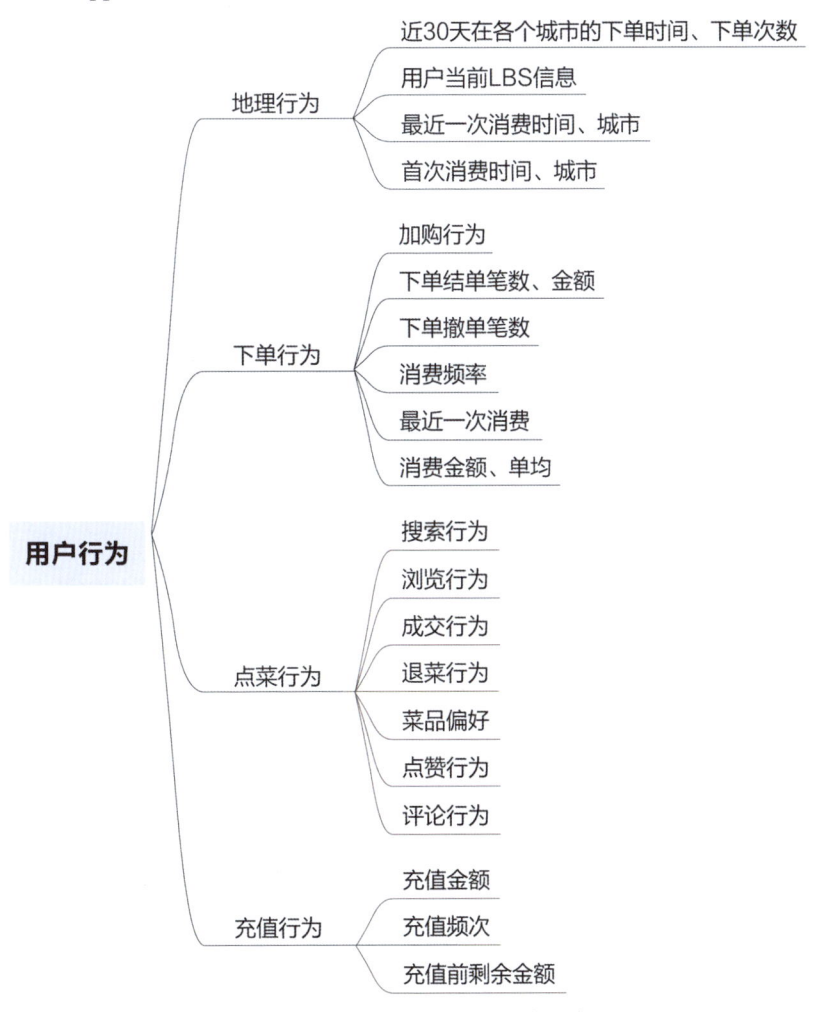

图 2-3　二维火点餐 App 用户行为

（三）分析用户数据

数据是构建用户画像的核心。要分析影响运营目标的关键数据，并找出社群成员的共同点，当然我们也要了解哪些用户是我们的目标用户。在了解用户的基础上，明确产品定位，投其所好。

农产品社群营销

二维火点餐 App 的标签分析如图 2-4 所示。

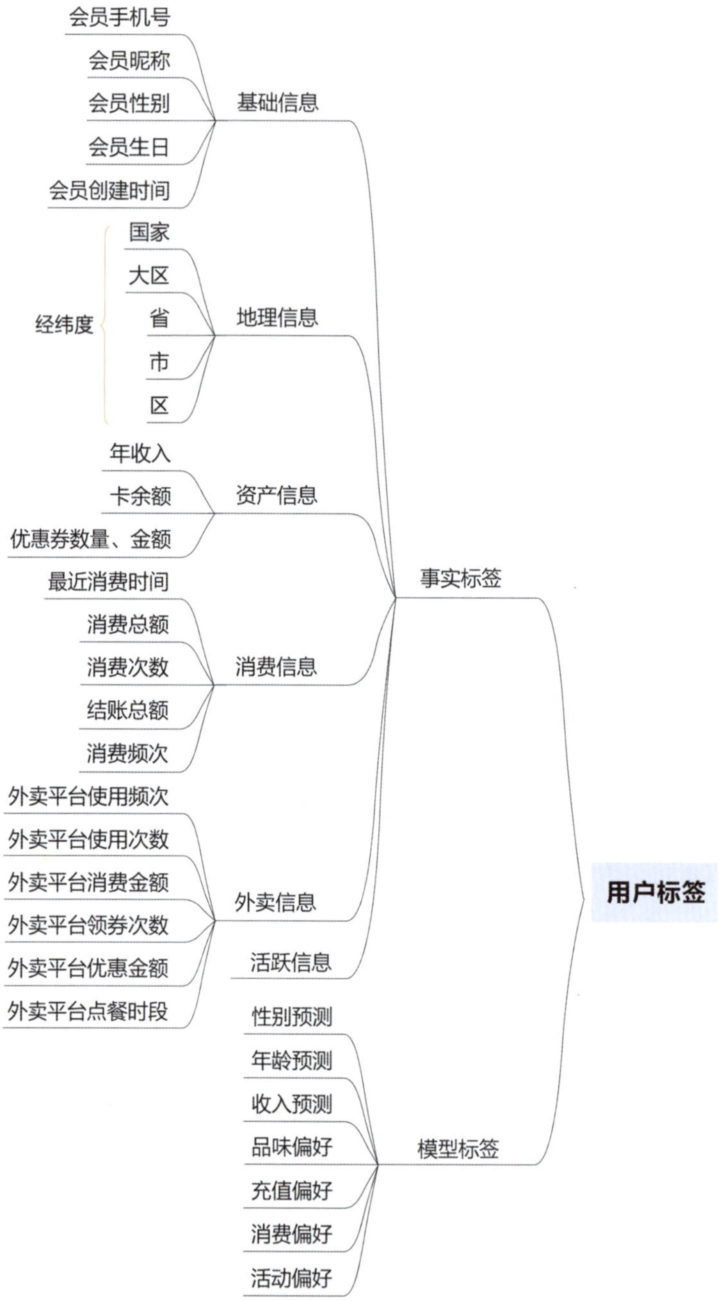

图 2-4 二维火点餐 App 标签分析

在做产品类社群的用户画像时，需要基于真实数据来虚拟人物。根据目标行为观点的差异化来区分用户的类型，并迅速组合在一起，得出一个标签化的画像。用户画像可以是具体的一个人，也可以是多个人。一般来说，一个产品需要 4～8 种类型的用户画像才比较全面，如图 2-5 所示。一般企业想要了解用户的需求时，需要考虑以下 5 个问题，来绘出用户的画像：

（1）社群用户来自哪里？

（2）社群用户的爱好及职业属性是什么？

（3）社群用户是否是品牌或产品的忠实用户？

（4）社群成员能够给品牌或产品带来怎样的收益？

（5）自己的品牌产品社群能给社群成员哪些他们需要的内容？

将以上 5 点进行具体描述，得出社群用户画像的组成要素：

（1）人口属性：包含年龄、性别、身高、地域、学历、收入和教育。

（2）社会属性：包括社会职务、婚姻状况、住房车辆、社交关系等。

（3）行为习惯：包括运动、休闲旅游、酒店住宿、饮食起居等。

（4）兴趣偏好：包括购物、游戏、体育、文化等。

（5）心理属性：包括生活方式、个性、需求动机、价值观、人生态度等。

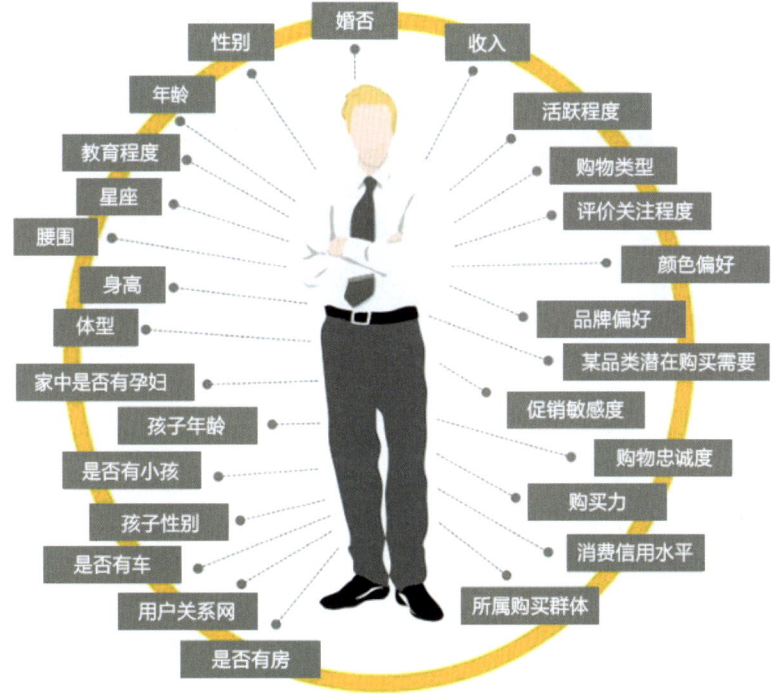

图 2-5　用户画像分析

企业考虑好上面的 5 个问题后，就可以利用数据来构建用户画像。一般来说，社群营销需要 3 个方面的数据来构建用户画像，其中包括用户信息数据、产品意见数据、用户渠道数据。这 3 个方面数据的详细介绍如下：

第一，用户信息数据。一般来说，用户信息数据分为动态信息数据和静态信息数据。所谓的动态信息数据，是指用户会不断改变的行为信息。例如，用户喜欢做什么、搜索了哪些内容、翻看了哪条微博、发布了哪种情绪的说说等互联网用户行为的数据。而这些互联网用户行为的数据，将成为用户画像中喜好特征和消费特征的依据。所谓的静态信息数据，是指用户相对稳定的信息，例如，用户属性、商业属性等方面的数据。而这些用户数据，将成为用户画像中自然特征和社群特征的依据。通过用户信息数据中的 5 个依据，就能绘制出一个用户画像的雏形。

第二，产品意见数据。在品牌（或产品）类社群中，产品意见数据需要从品牌产品或服务的实际使用者或直接受益者那里来收集。一般以产品属性为依据，来构建产品意见数据为主的用户画像。

第三，用户渠道数据。收集用户渠道数据可从以下两个方面出发：①消费渠道。用户的消费渠道数据可以为品牌在选择产品投放渠道时提供指导性意见。因此，消费渠道成为构建用户画像不可或缺的一部分。消费渠道包括淘宝、微店、官网、卖场、团购、实体店等。②信息渠道。即用户获取信息的渠道，商家可借此进行社群的投放或内容的收集。信息渠道包括微信、微博、论坛、贴吧、QQ、新闻等。

农产品经营者想要在社群营销中取得成功，需要根据农产品特性，在调查分析同类产品市场需求的基础上，筛选和锁定目标客户群体，搜集用户标签，构建用户画像，搞准"卖给谁"的问题。那么如何更好地描绘客户详细特征，找准目标群体呢？

首先，可以借助大数据分析工具。比如，经营农产品的淘宝卖家，可以进入淘宝卖家中心使用生意参谋—市场行情—人群画像—搜索人群画像，输入农产品关键词进行对比分析，从而得到购买相应农产品的人群标签，包括年龄、性别、职业等。确定主要客户人群的性别、年龄、职业、偏好、支付方式及关注点等信息，就可以准确地描绘出客户的完整画像。其次，有一定用户基础的农产品经营者可以收集以往的营销情况和客户资料，对用户收入水平、年龄分布、地域分布、购买能力、消费习惯等标准进行细化研究，初步判别目标客户群体的轮廓。

通过用户画像，农产品经营者可以精准地掌握主要目标客户的详细特征，了解目标客户选择偏好，从而把握客户的信息，满足其深层需求，更好地做到因人而异的精准营销，使自身产品占据更大的市场份额，获取更大化的利润。

任务实施

王爱国为了定位线上网店的目标客户群体，决定对目前线下实体店的顾客资料进行搜集和整理。他的运营团队准备制作一份问卷调查，进店购买的顾客完成问卷调查即可获得小店免费赠送的河南新郑大枣一小包。请结合本任务背景和"阅读资料"，完成以下任务：

1. 任务目标

王爱国建立了产品推广微信群，请为王爱国设计调查问卷，提取用户标签，绘制用户画像。

2. 任务载体

Word 工具、思维导图软件。

3．实施步骤

①确定问卷调查标签因素：用户收入、年龄、地域、购买能力、消费习惯等。

②设计调查问卷的组成问题。

③确定调查问卷问题的顺序。

④问卷的测试与群发。

⑤根据问卷收集的信息，提取用户标签，绘制用户画像分析图。

阅读资料

消费者（用户）市场调查问卷（通用版）

消费者调查内容主要包括消费者结构、消费者购买动机、消费者购买习惯（时间、地点）、消费者的购买能力和购买频率、消费者的品牌态度（对产品和中间商的态度）、消费者的品牌偏好（包括品牌转换情况）、消费者的品牌忠诚度（包括品牌认知）、消费者的产品和服务满意度等方面内容。以下所列内容为消费者调查中使用频率最高的细分选项内容，使用者可根据选项拟定相应的题目或者延伸设计出相关问答题目，具体形式可采用封闭式、开放式问答题等。本文后面附了一份针对高端饮品类消费品的消费者调查问卷，仅供参考。

消费者调查问卷调查内容一般可以归类为以下8个方面，如表2-1、表2-2所示。

表2-1 消费者调查问卷调查内容归类

分　　类	问卷题目主题
1．购买动机	选择品牌或者公司产品的原因、不购买的原因、购买目的
2．购买理念及习惯	购买场所/渠道、购买方式、与商品及品牌相关的生活习性、购买决策者、购买时期、购买频次
3．购买现状、能力及频率	购买商品及品牌之名称、购买商品及品牌之特征、购买价格、购买量
4．产品认知与评价	产品名称辨别、产品的品质喜好、产品的功能喜好、产品的特点喜好认购成本/价格（针对新推出的产品）
5．品牌认知与评价	对商品和品牌评价及意见、企业形象识别、印象、品牌忠实度（是否经常更换同类产品品牌）、对广告及促销方式（活动）的意见
6．了解渠道/媒体接触	媒介喜好：电视台（名称、时间、内容）；报纸（名称、时间、内容）；杂志（名称、时间、内容）；网络（名称、时间、内容）；广播（名称、时间、内容）；广告牌…… 通过哪些渠道了解到产品信息、品牌
7．期望和建议	对产品及品牌的综合评价和建议、对服务的建议（涉及更细的满意度方面内容，另见客户满意度调查相关内容）、对生产厂商或者公司的期望、是否预定购买（针对新推出的产品）、是否再次购买、是否推荐给朋友或同事
8．消费者结构	性别、年龄、职业、职位、学历、收入、家庭成员

表2-2 某微商社群用户画像分析调查问卷示例

亲爱的伙伴,感谢您在百忙之中能够配合我们来做用户画像的调研。您所填写的个人信息属于您的隐私,我们不会对外泄露,请放心填写。	
1. 您的姓名	
2. 您所属市场(团队)是	
3. 您的性别是	男（ ）女（ ）
4. 您的年龄段是	18岁以下（ ）；18～25岁（ ）；26～30岁（ ） 31～40岁（ ）；41～50岁（ ）；51～60岁（ ） 60岁以上（ ）
5. 您所在省市是	
6. 您目前从事的职业是	
7. 您自购最多的精品有哪些	黑番茄（ ）智力虎（ ）
8. 您购买精品的频率是	一周1次（ ）一月1次（ ）其他（ ）
9. 您做团的初衷是	
10. 您希望在团培训时学习哪些内容	
11. 您感觉自己目前遇到的最大问题是什么	
12. 您希望我们给予哪些支持	
13. 您最希望社群里有哪些内容输出	专业课程（ ）干货分享（ ）热门话题（ ）互动小游戏（ ）其他（ ）
14. 您最希望我们能出哪方面的素材帮助大家引流(可多选)	健康日历（ ）水果（ ）精品（ ）鸡汤类（ ）其他（ ）
15. 您最希望从哪里获取到素材	公众号素材入口（ ）社群内（ ）官方素材微信号（ ）其他（ ）

思考与练习

1. 什么是用户标签？
2. 什么是用户画像？如何刻画用户画像？

任务二 用户拉新与促活

学习目标

1. 掌握社群用户拉新的途径。
2. 掌握用户促活的方式。
3. 能够运用促活手段开展社群互动活动。

情境引入

王爱国现在转战社群，他做微商的朋友们建议在群里发一些促销折扣活动，让利给客户，老客户可以拉新客户加入社群，也可以组织一些有趣的线上活动来维持社群的活跃度。他该如何拓展新渠道、接触新用户呢？又如何对群用户进行促活管理呢？

任务分析

建群容易管理难。特别是社群用户的管理，优秀健康的群离不开有序的管理，从社群创立到逐渐壮大、成熟，社群管理者需要主动承担起相关的运营管理工作，以保证社群持续不断的活跃度，最终实现商业变现。用户拉新，不仅要拓展新用户，还要将其发展为购买用户，在此基础上，还要进行用户促活，通过丰富有趣的活动来激发社群成员的积极性，保持社群的活力。

用户拉新和用户促活

用户拉新和用户促活是社群用户运营必经阶段。

一、用户拉新

（一）用户拉新的本质

"生于圈人，兴于聊天，亡于广告"是形容社群兴衰的一句流行话，新手在创建社群时，往往错误地将人数定位为建群重点，通常就是先拉人，无论是认识的人还是不认识的人全部都先拉进群，至此，该群基本上宣告无用了。社群的本质应该是基于共同目的和共同兴趣创立的一个场景需求，所以用户拉新也应该在该基础上进行。

用户拉新，是指通过各种运营方法，拓展新渠道、接触新用户，并将其发展为商家的关注用户或购买用户。用户拉新在产品型社群发展的初期目的是吸引种子用户使用产品，同时，用户拉新也是对品牌的曝光与提升，拉新的效率和质量直接影响产品市场占有率。

（二）用户拉新的途径

有哪些途径可以促使更多用户加入社群呢？

在社群初建的时期，社群管理者需要找到一批活跃的、精准化的用户进群，让这批用户在社群内自主交流，增加用户间熟悉感，同时也能向用户展示我们是在很用心地做这个社群。这个时期，不要将活跃度低、不精准的用户拉进微信群，以免降低社群内部用户对这个社群的心理期望。

1. 发圈拉新

微信好友是社群营销中最直接、最便捷的资源，在社群运营前期，卖家可以建立由微信好友组成的组群，或者发图文至朋友圈招募第一批社群用户。在积累了一些客户之后，卖家可以鼓励顾客发朋友圈对产品进行宣传推广，朋友圈文案和图片尽量统一，同时附上卖家微信，关注人群一般通过扫描二维码、直接拉群等方式进入商家流量池，即用户群。

2. 老客带新客

社群营销也需要适当地用利益驱使，没有任何利益的事情，大部分的社群成员都不会帮忙。比如，社群的老成员，邀请5个新人加入，就能获得商家提供的一张优惠券；邀请10个新人加入，就能获得商家的一些赠品。利用这种方式可以促使更多成员拉新人，为了防止邀请到的人退群，商家可以公布拉入的新人名单，然后再公布获奖的老成员名单，通过这种方式刺激更多客户拉新人。

3. 社会化媒体分享拉新

现在是自媒体时代，农产品卖家可以借助微博、抖音、小红书等自媒体平台进行引流，给予用户一定的福利，很容易获得精准用户，也不用花费大量的时间在线下寻找用户。

图2-6是某社群利用新媒体进行拉新的渠道。

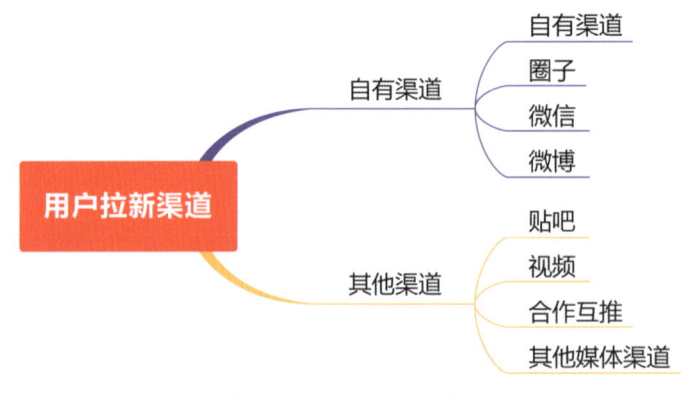

图2-6　用户拉新渠道

4. 商家活动拉新

是指商家通过策划各种线上线下的销售活动，如拼团、砍价、众筹等，引发老用户分享、新用户关注，从而引导进群。这类促销活动一般操作简单、规则简单并以游戏的形式逐级激励，可以在短时间内快速传播推广。

社群的基础流量都是来自线下门店。例如，某水果店，进行线下门店活动拉新，通过奖品和福利的诱饵吸引用户入群。除此之外，还通过其他社区的社群、论坛、贴吧来进行引流拉新，打造个人品牌，吸引用户。

二、用户促活

一个用户加入一个群，一般他会先观察一段时间分析这个群能否对自己有价值，能否帮助到自己。而时长一般是 1～2 天，甚至有时候只有半天。社群运营者需要在这个时间段尽量匹配用户需求，以及给他足够的"存在感"。为了让群能够持续活跃下去，实现用户留存，就要采取有效促活。

促活就是通过开展一系列群内促销活动来留存用户，促活是保持和提高社群活跃度的主要手段。为了保证社群促销活动顺利进行，商家在促活前后都要做好协调管理工作。

（一）促活的意义

1. 建立用户信任

社群营销的目的就是建立信任，而活跃社群作为运营阶段的主要工作，对建立用户信任能起到非常大的作用。社群通过各种活动，让用户活跃起来，然后我们与用户进行互动，互动越频繁，用户就会越信任你。

2. 激发用户创造性

社群价值的提升、规模的扩大，离不开社群内容的去中心化。即社群内容的生产，不仅仅是运营者的工作，更多的是要发动社群成员来共同创造社群内容。而通过各种各样的活动，去促活社群，让用户们行动起来，用户能充分发挥自己的创造性，为社群贡献更多有价值、新颖的内容。

3. 引导用户投入

这就涉及沉没成本这一概念了。我们知道一个人对某件事投入的成本越大，就越不会轻易放弃这件事。同理，我们通过各种方法去促活社群，就是为了引导用户参与进来，将更多的时间、精力，甚至是金钱投入到社群中，形成越来越大的沉没成本，这样用户黏性就更强了。

（二）促销活动过程

在活动开始前，商家要制订好促销活动方案，确定促销产品、促销时间，并对促销人员进行管理培训。促销活动的宣传文案和海报广告完成后，让营销人员提前 3～7 天在社群发布几次消息，提醒群成员积极参加，避免有人因为工作而错过活动通知。除了在群内反复通知，还可以把群聊名称改为促销活动的时间、内容，如"今晚 20:00，××大促"，之后通过发红包等方式活跃社群确保活动信息传达到位。

在活动过程中，要实时监控产品销售情况，做好订单记录。同时，在促销过程中，客户可能会对产品的包装条件、配送时长、质量、折扣价格等提出各种问题，要及时回复客户问题，消除客户购买疑虑，提升产品的转化率。

活动结束后，要及时发货，在客户收货之前，告诉客户有什么售后问题可以直接联系卖家。如果客户对产品满意，卖家可以引导并鼓励客户将食用体验配图分享到朋友圈、微博，并给予他们小红包或优惠券奖励。这样不仅能够形成口碑宣传，还能吸引回头客。同时，认真做好数据分析，分析在促销活动过程中的优点和不足之处，为下一次促销活动的方案制订提供经验帮助。

（三）社群促活方式介绍

下面选取几种常见的促活方式进行介绍。

1. 内容分享

内容分享是提高社群活跃度的最有效方式。在内容分享前确定分享的主题。比如，对于农产品知识型的分享，社群运营人员要尽早确定分享模式、邀约分享者，并要求分享者准备充分的分享内容，可以对分享者的资料进行提前审核，以免主题不合适或者含有广告。

2. 社群打卡

很多社群要求社群成员在固定的时间打卡，不同的社群，打卡要求不同，其作用也不同。社群打卡代表一种态度，代表这件事情的重要程度，也代表成员对这件事情的执行程度，所以很多时候也决定了这件事情的结果。

例如，很多学习型社群，入群以后，管理员会要求群成员每天早晨、晚上在群里进行打卡，并对完成规定打卡任务的成员进行奖励。这种类型的打卡往往会激发群成员的积极性，提高群成员的质量，从而提高社群的活跃度。值得注意的是，社群打卡内容一定要与社群的主题相吻合，并且是有意义的，不会对群成员造成干扰。例如，1 000多人的社群就不适合进行打卡，会造成刷屏。

3. 福利分发

不同的社群会发布一些差异性的福利，这也是激发社群活跃度的有效方法。社群福利主要有以下几种：

（1）现金类。例如，偶尔的红包发放、优秀成员现金奖励等。在群里发红包主要是基于以下几个方面的考虑：①活跃气氛，引起发言；②宣布喜讯；③发小广告；④打赏，表示感谢；⑤新人报到或欢迎新人。

（2）荣誉类。例如，学习型社群可以设置一些"学习达人""学习之星"等荣誉称号，以激励其他群友共同努力。

（3）学习类。知识分享类或者专业类的社群可以采取知识类福利分发的方式。例如，统一分享给群成员一些付费的精品课程等。

（4）物质类。农产品类社群经常会有一些试吃小福利，例如，过年时的小年货、生日时的小礼品等，都能让人感受到社群的人文关怀。

(5) 积分类。有的社群会建立一套自己的规章制度，例如，设立积分制，每日签到打卡 2 分、每天有效发言一次 1 分、每次活动分享 5 分等，每个月进行积分评比，并公布积分排行榜，激励其他成员在竞争中获得更多积分。

4．互动小游戏

（1）互动小游戏 1：比省钱。

活动目的：种草，突出平台性价比；

活动时间：建议半小时；

活动频率：建议每周；

活动玩法：找该商品在其他渠道的售价。

例如，某水果销售社群管理员在自己的平台挑选一款水果，让群员去其他渠道找到这款水果的售价，找到最低售价的前几名可以免单。当然，这里选择的商品应是已经降了价的，打了折的，让社群成员很难找到比这价格还低的售价了。这样在活跃用户的同时，既宣传了自己的产品，还突出了自己平台的性价比。

（2）互动小游戏 2：猜价格。

活动目的：种草，推送商品，提前预热；

活动时间：建议一个小时左右；

活动频率：建议每周；

活动玩法：猜某商品的售价。

社群经常会推出一些新的产品，贸然推出会产生不好的影响，所以可以通过这种"猜价格"的互动技巧推出新的产品。例如，某水果销售社群管理员在群内抛出一款未发布的水果，让用户猜原价、佣金比、折后价等。猜中的用户可免单或者优先体验。

（3）互动小游戏 3：机智抢答。

活动目的：传递文化，形成价值认同感；

活动时间：建议一个小时左右；

活动频率：建议每周；

活动玩法：回答群主的提问。

社群管理员准备 10 个与社群文化、品牌有关的问题，或者与创始人的故事有关的问题，在某个时间段发布到群内，引导用户作答。答对多的可以获得相关的奖励，如红包、实物等。这种玩法既活跃了气氛，又输出了社群文化和价值，让社群成员了解社群、了解品牌，增强认同感。

（4）互动小游戏 4：集赞王。

活动目的：引流裂变，曝光品牌；

活动时间：建议 1 天；

活动频率：建议每月；

活动玩法：发圈集赞有奖。

社群管理员制作一款商品的宣传海报,让社群好友转发到朋友圈,获赞 100 个、50 个或者其他规定的数量,即可对该商品免单,或者获得一定金额的优惠券。这种玩法一方面宣传了品牌,扩大社群知名度;另一方面还吸引了更多的新粉丝,起到裂变引流的作用。

任务实施

王爱国的运营团队为了促活社群,激发社群用户积极性,筹划在微信粉丝群中开展以"你所知道的河南特产"为主题的促销活动。社群成员可以畅所欲言,讲述他们与河南某个特产美食的故事,或者他们知道的河南特产美食故事,参与活动的用户有机会获得店铺送出的精美河南特产。请结合本任务背景和"阅读资料",完成以下任务:

1. 任务目标

为"你所知道的河南特产"主题促销活动设计方案。

2. 任务载体

微信 App。

3. 实施步骤

第一步:确定促销活动主题、时间、群内讨论的话题,确定邀请的活动嘉宾,完成表 2-3。

表 2-3　活动主题与方式

促活主题	促活方式

第二步:撰写群员通知文案和活动规则文案,见表 2-4,通过群公告发布,提前通知群成员。

表 2-4　活动文案

群员通知	活动规则

第三步:在正式活动开始前,主持人通过一些话题进行暖场活动,请完成表 2-5。

表 2-5　暖场话题

主持人的暖场话题话术

第四步：分享活动开始后，主持人进行嘉宾介绍，并进行互动引导，请完成表2-6。

表2-6　互动引导

互动引导方式及话术

第五步：随时控场，灵活运用"小窗提醒""禁言"等控场方式。

第六步：确定福利发送内容。活动收尾时，主持人引导和鼓励群成员通过微博、微信等分享自己的活动心得，对于分享过程中有突出表现的，可以发一些福利，见表2-7，提高群成员积极性。

表2-7　社群福利

序　号	福利内容
1	赠送实物小礼品
2	微信红包
3	送线下餐厅优惠券

第七步：活动总结和再传播。活动结束以后，对本次分享内容进行整理，并通过社交网络服务（Social Networking Services, SNS）平台进行发布和传播，进行社群品牌的宣传。

> 阅读资料

"百商有料群乐汇"社群促活方案

百商有料群乐汇让百商家人忙中放松身心，开心一笑，无限发挥产品的娱乐精神，设定有奖互动，获得家人赞助的产品体验！

活动时间：2019年12月19日。

活动形式：以下几种选择，每个游戏设定时间。

1. 红包接龙之"喜上喜"

游戏规则：

①主持人先发一个总金额为5元、个数为10个的拼手气红包，最佳手气者接着发下一轮（总金额为5元、个数为10个的拼手气红包），发错、不够的重发。

②最佳手气者不发红包会被移出群，之后由抢到红包金额位列第2名的发。

2. 红包接龙之"苦中苦"

游戏规则：

①主持人先发一个总金额为5元、个数为10个的拼手气红包，抢到最小红包的接着发下一轮（总金额为5元、个数为10个的拼手气红包），发错、不够的重发。

②抢到最小红包者由于心情过于失落而不发红包的，会被暂时移出群，使其感受更多的"苦"，由抢到红包金额位列倒数第2名的发。

3. 互动时刻：成语接龙

游戏规则：

①成语接龙中出现"××"字（PS：谐音也算），即为中标。

②接成语，以先出来的成语为准继续往下面接，乱接的中标。

③接的不是成语的中标。

惩罚措施：发放总金额为2元、个数为5个的红包。

4. 热场环节：红包接龙

游戏规则：发两个红包，抢到最大的获得产品礼品装一份，抢到最小的获得产品体验装一份。

5. 互动时刻：掷骰子

游戏规则：活动赞助方会提前私信，掷一个骰子，保留骰子点数截图。主持人喊"开始"之后，群内群友开始掷骰子，最先出现赞助方骰子数的即可获得产品体验装一份。

6. 开心一刻

游戏规则：出一个脑筋急转弯，最先回答出来的得产品体验装一份。

7. 晒朋友圈

游戏规则：给出黑豆美的产品图片若干张，群友自行选取图片并撰写一条广告语，发朋友圈并截图，之后将截图发送至公众号后台。选出好玩、有特色的送产品体验装一份。

8. 集赞王

游戏主题：我和"减肥"杠上了，大声说出你的心愿，表明你的决心。

游戏规则：在朋友圈发送自己的一张照片和自己的减肥决心，让朋友点赞。集赞最多者获产品体验装一份。

9. 踩地雷游戏

游戏规则：主持人提前设定好一个数字，截图保留。然后给出这个数字所在范围。玩家依次说出范围内的数字，主持人根据玩家所说出的数字调整范围。下一名玩家根据新的范围说出数字，直到有人踩到地雷。踩到地雷者获试用装一份。

例如，主持人设定好数字，刚开始给出范围1～10，接下来玩家说出数字，主持人调整范围为1～7，接下来玩家说出数字，主持人调整范围为3～7，接下来玩家说出数字，踩中地雷数字，主持人公布之前设定好的截图数字，猜中者获得试用装一份。如果最后猜到像4～6这样只有最后一个数字机会，则主持人发大红包一个！

思考与练习

1. 选择一个比较熟悉的微信社群,分析该社群的促销活动方式。
2. 请围绕某农产品分享社群,列出其用户拉新的手段。

农产品社群营销

任务三 用户裂变

学习目标

1. 掌握社群裂变管理的流程、技巧。
2. 能结合活动主题制作用户裂变海报。
3. 能结合社群规模策划用户裂变活动。

情境引入

王爱国用以往积累的人脉建立了微信粉丝群，在群内发放店铺最新产品信息和福利折扣，吸引了一批种子用户，保持了社群的活力，要想使社群发展壮大，还需要对社群进行裂变管理，吸纳更多的用户。那么如何扩大群规模，促进社群用户裂变呢？

任务分析

用户裂变，简单而言，就是用户数1变10，10变100……用户为什么用你的产品？怎么样用户才会让身边的人用你的产品？用户是社群裂变的源头。要实现用户裂变，首先要做好裂变前的准备工作；其次要采取对应的裂变手段；最后将裂变目标和社群活动结合起来，促成最后的用户裂变转化。

社群用户裂变

一、裂变前准备

社群营销裂变是指通过系统性的组织行为使用户快速增长变化的过程。具体操作是：社群创建者带领社群成员一起行动，向周边圈层扩散；或者让社群里的核心成员组织自己的人去完成任务，大家向下复制社群规则和整体架构，形成类似分群或分舵的形态。

社群成员在裂变中往往承担着重要的责任，成员角色分工明确合理，整个社群才会更加紧凑，社群在角色的杠杆作用下才可以产生源源不断的裂变能量。

社群裂变前，需要判断是否已经做好开始裂变的准备。当社群出现以下情况时就可以考虑进行裂变了。

（1）当社群基础服务已经完善，并找到了群与群之间的连接方法时，即可进行裂变。例如，一个美食吃货群，利用每个季度的烹饪比赛来实现不同群组之间的连接，这样不同群组中的成员也能有相互交流学习的机会。

（2）当社群用户达到一定规模，如微信群成员达到上限，或者社群活跃度遇到瓶颈时，应该进行裂变。

（3）当社群用户对某种需求增多时，为了满足用户多样化的需求，可以尝试进行社群裂变。

二、用户裂变模式

用户裂变模式通常分为 4 种，如图 2-7 所示。

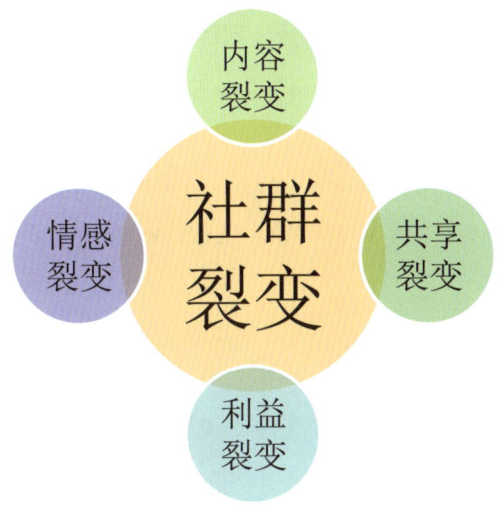

图 2-7　用户裂变模式

1. 情感裂变

情感具备强大的穿透人心的力量，因此社群可以凭借情怀、价值观、服务口碑等进行传播。例如，美食吃货群（群名称为"大家一起美食"）初建时，群成员可能来自不同地区，都很熟悉当地特色美食，也都是因为对美食有同样的兴趣而聚集在一起，当社群发展到一定规模后，可由该社群中的老成员发起，建立各地美食吃货群，比如"大家一起美食 001 广东"，从而实现美食群的裂变发展。

2. 内容裂变

持续输出实用或有趣的内容，组织会员或"大 V"广泛地进行转发，应成为社群运营的例行要务，例如"小米社群""吴晓波社群"等，如图 2-8 所示。

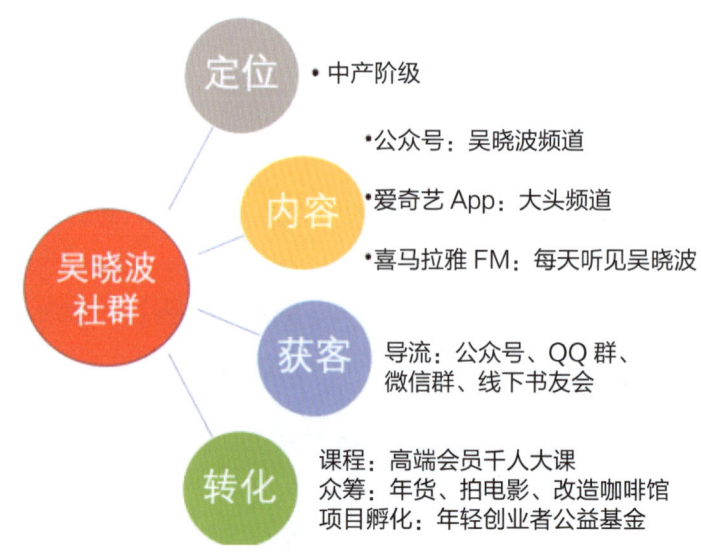

图 2-8　吴晓波社群内容裂变流程

3．利益裂变

把会员变为代理商，业绩优秀者甚至升级为股东，以利益分成强力驱动社群裂变，如图 2-9 所示的"樊登读书会""大 V 店"等。采取这种模式必须注意把握分寸，否则很容易涉嫌传销。

图 2-9　利益裂变模式的品牌

4．共享裂变

社群的资源共享能够促成社群的裂变。社群中每增加一位新会员都会让其他会员获得的价值得到提升，自然就会调动起大家引荐新人的积极性，例如"给予者联盟"采用的就是共享裂变的模式，人越多，分享越多，内容就越丰富。

社群裂变看似很简单，但实际操作起来并不是一件容易的事情，需要运营者投入大量的时间和精力，还需要持续投入，有长久的耐心。

三、裂变流程

社群裂变包括以下 3 个核心流程：

（一）用户裂变流程

社群在裂变的过程中首先需要找到用户与用户之间传播的路径，如图 2-10 所示。A

用户传播给 B 用户和 C 用户，B 用户又传播给 D 用户和 E 用户，C 用户又传播给更多的新用户。

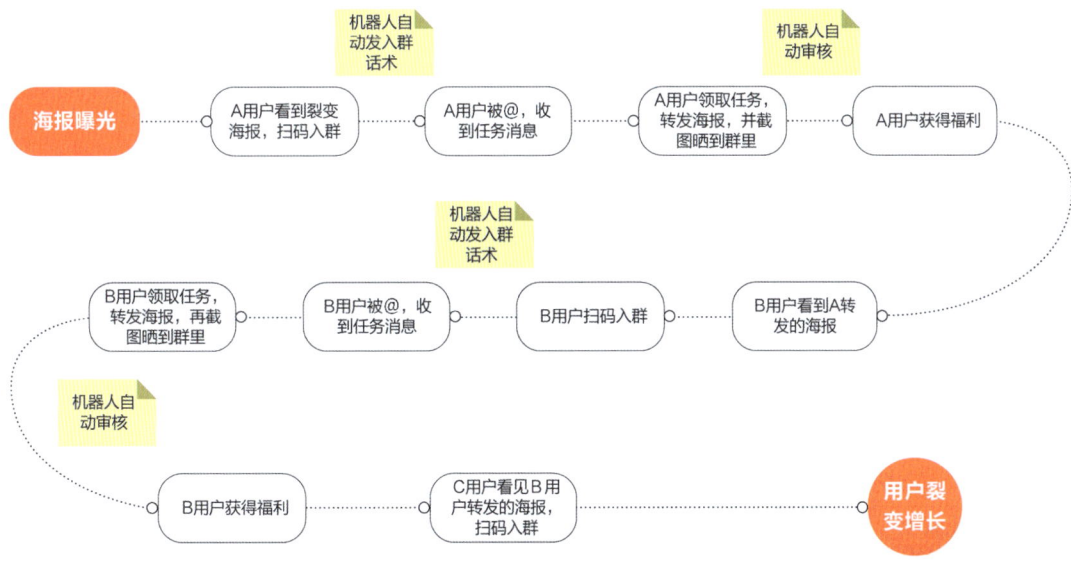

图 2-10　用户裂变过程

（二）用户参与流程

（1）用户在公众号、朋友圈、微信群看见裂变海报，激起兴趣。

（2）用户扫码进群，根据海报上的指引扫描二维码加入大社群。

（3）用户扫描二维码加入社群以后，社群要给该用户发送相关内容，一是欢迎语；二是给用户发布相应任务，例如，转发海报至朋友圈并获得 30 个赞等。

（4）用户在接收到社群发布的任务后，会将对应的内容发布在朋友圈，并号召好友前来帮助其完成任务。

（5）用户完成相应任务后，截图回复至群里，领取对应任务奖励。

（6）社群管理员收到用户发回来的任务完成截图以后，对截图内容进行审核，审核通过后，该用户可以参与社群的其他活动，并获得感兴趣的其他内容。

（三）社群运营人员操作流程

社群运营人员为了让用户参与社群裂变活动时有良好的用户体验，需要对裂变活动进行全流程的规划和实施，操作流程如图 2-11 所示。

图 2-11　社群运营人员操作流程

1. 活动策划

包括考虑活动的目的、时间、流程、奖励和推广启动渠道等方面。例如，樊登读书会的社群运营，通过"樊登读书精选"服务号推文发布活动信息，且未在樊登读书会旗下的其他公众号和 App 上找到该活动的入口，推测此次活动的启动渠道："樊登读书精选"服务号 + 樊登旗下社群 + 小助手或 KOL 微信朋友圈。

2. 设计裂变海报

活动策划完成后，运营人员要根据策划方案内容提炼出海报的文案，设计出对应的裂变海报。裂变海报要包括 6 个元素：主标题、副标题、活动卖点、活动背书、活动二维码、参与方式，如图 2-12 所示。图 2-13 为广州市黄埔区黄埔扶贫馆的裂变海报设计分析。

图 2-12　裂变海报设计结构　　图 2-13　黄埔扶贫馆裂变海报设计分析

裂变海报的设计要注意 7 个方面，如图 2-14 所示。

3. 群内话术准备

群内话术包括入群话术、审核话术、提醒话术和移出群话术：

（1）入群话术指用户进群时，机器人艾特用户后，给用户发送的话术。入群话术通常建议分成两段：第一段表示对用户的欢迎，以及介绍任务；第二段是需要用户转发的文案，方便用户转发时复制和粘贴。

（2）审核话术指用户完成转发或邀请任务以后发送的话术，用于告知用户通过审核。

（3）提醒话术指提醒群成员完成相应任务的话术。

（4）移出群话术指当群成员违反规则或者发广告时使用的话术。

4. 后台设置

通常情况下，社群裂变均需借助相关工具进行，如进群宝、建群宝等，不同工具之间设置方法会有一些差异，但整体思路相通。运营人员在进行后台设置时，需要注意以下几点：

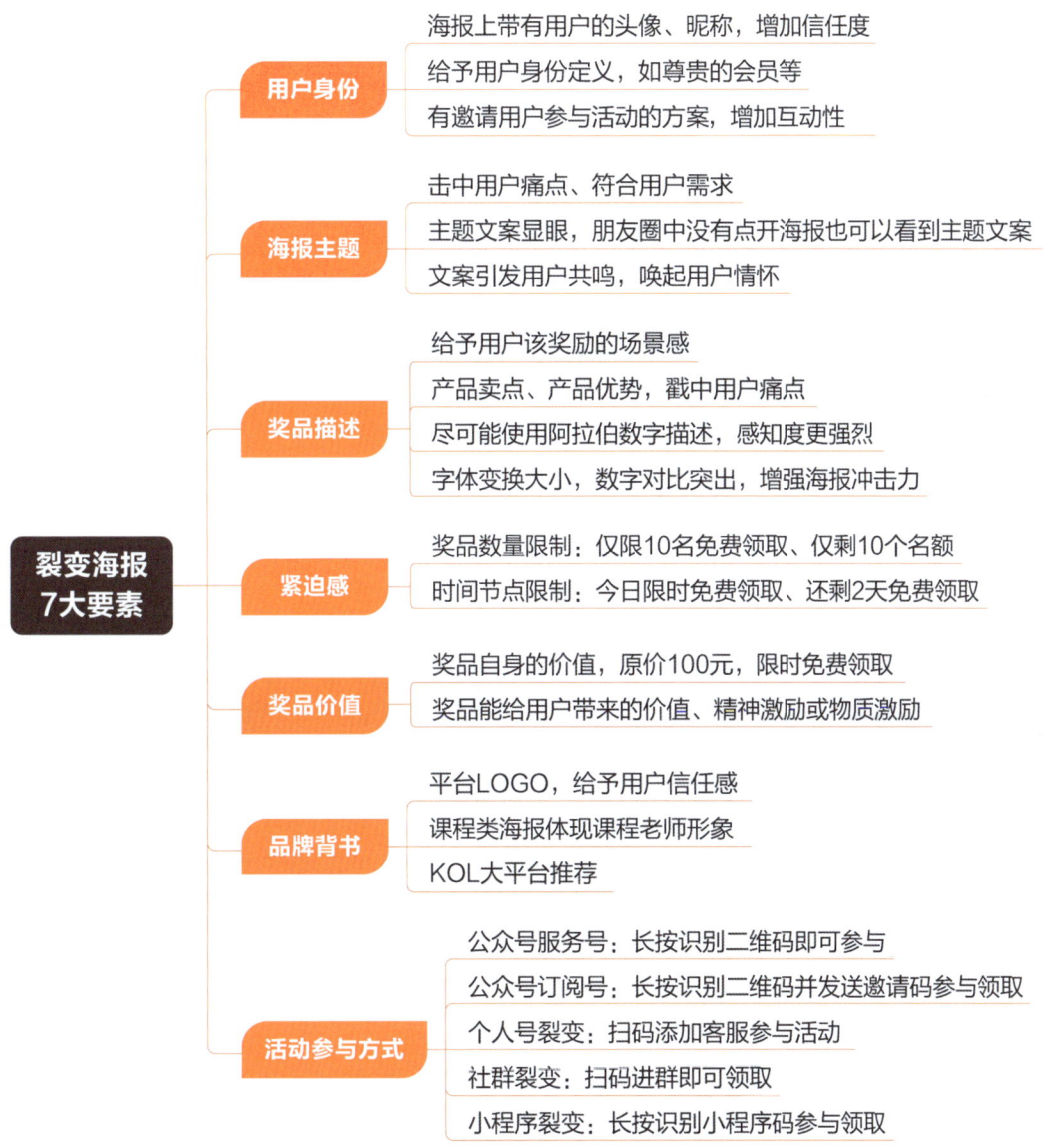

图2-14 裂变海报设计的7大要素

（1）是否需要增加新群。

（2）活动二维码是否放入裂变海报中（不要混淆活动二维码和群二维码，需要放入裂变海报中的二维码是活码，而不是群二维码）。

（3）设置完成后要进行内部测试，以防有误。

（4）每个群要有一名运营人员，留心用户反馈的问题，引导用户进行发言。

5．活动推广及数据监控

运营人员需要跟进裂变活动，了解活动进度、观察用户反馈、发现用户需求、完善不足之处，并做好记录，以便下次活动时进行改进和优化。

农产品社群营销

有前期人脉积累的情况下，王爱国建立了微信粉丝群，在群内发放店铺最新产品信息和福利折扣，吸引了一批种子用户，保持了社群的活力。为了增加微信粉丝群成员数量，促进群成员裂变，他决定以店内爆款花生糕为奖品开展用户裂变活动，限时邀请新人购买产品或拉新人入群的，邀请人和被邀请人都可以获得一包免费的花生糕作为奖品。请结合本任务背景和"阅读资料"，完成以下任务：

1．任务目标

尝试策划一次社群用户裂变活动。

2．任务载体

微信群、裂变海报、公众号配置、小奖品、活动二维码、群机器人工具。

3．实施步骤

第一步：撰写社群活动策划书，完成表2-8。

表2-8 社群活动策划书

活动策划安排	
活动主题	
活动时间	
活动流程	
裂变方式	
活动奖励	
推广渠道	

第二步：设计裂变主题海报，完成表2-9。

表2-9 裂变海报文案

活动主标题	
活动副标题	
活动卖点	
背书（名人/品牌/机构）	
促销信息	
引流入口（活码）	
参与方式	

第三步：设计群内引导文案，并进行发布，完成表 2-10。

表 2-10　社群引导文案

项　　目	群内引导文案
入群话术	
审核话术	
提醒话术	
移出群话术	

第四步：在群里发布裂变海报和转发任务，号召用户转发和完成任务。
第五步：接收用户完成任务后的截图，并审核截图内容。
第六步：对审核通过的用户进行奖励，发放奖品。

阅读材料

某美食瘦身社群用户裂变文案示例

活动主题：边吃变瘦——即食鸡胸肉免费送

第一步：触发关键词推送文案（当用户向公众号发送触发关键词时，公众号自动推送下方裂变文案）

[用户昵称]，您来啦~动动手指，马上领奖！

请在 1 小时内分享下方您的专属海报。

【2】位朋友扫码助力

您将解锁「口袋减脂营」线上免费体验名额：

✔ ACE 营养师带队，1 对 1 饮食指导服务，帮您把控每一口；

✔ 微信小群三餐打卡，群友互相陪伴鼓励，一起养成瘦身习惯。

🎁 价值 109 元，今日开放 30 个免费体验名额，不要错过 2018 最后"吃瘦"机会！

【11】位朋友扫码助力

👉 您将免费获得原价 39 元即食鸡胸肉！

🎁 今日还剩 [奖品剩余数量] 份，手慢无！

第二步：一级阶梯裂变文案

□ 成功助力好友裂变文案（当 B 用户助力了 A 用户，B 用户新关注公众号时收到的文案提醒）

[用户昵称]，您来啦~动动手指，马上领奖！

请在 1 小时内分享下方您的专属海报。

【2】位朋友扫码助力

您将解锁"口袋减脂营"线上免费体验名额：

✔ ACE 营养师带队，一对一饮食指导服务，帮您把控每一口；

✔ 微信小群三餐打卡，群友互相陪伴鼓励，一起养成瘦身习惯。

🎁 价值 109 元，今日开放 30 个免费体验名额，不要错过 2018 最后"吃瘦"机会！

【11】位朋友扫码助力

👉 您将免费获得原价 39 元即食鸡胸肉！

🎁 今日还剩 [奖品剩余数量] 份，手慢无！

□ 收到助力好友成功助力的提醒文案（B 用户助力了 A 用户后，A 用户收到的助力成功提醒文案）

[助力好友昵称] 为您成功助力，已有 [已有助力好友人数] 位好友助力，还差 [达成条件需要人数] 位好友助力即可免费领取"口袋减脂营"线上免费体验名额！

【11】位朋友扫码助力

👉 您将免费获得原价 39 元即食鸡胸肉！

🎁 今日还剩 [奖品剩余数量] 份，手慢无！

□ 达到裂变人数推送文案（当完成一级裂变人数助力时，推送此文案或图片）

🎁 您的好友 @[助力好友昵称] 为您成功解锁"口袋减脂营"

👉 立即扫码添加健康管理师为好友，根据提示领取

我们将分析您的体质情况为您做一次评估，并根据结果发放减脂营体验名额！

❗ 所有奖励由管理师人工发放，按照验证请求顺序通过，先到先得！

❗ 继续邀请助力，完成 11 位助力即可解锁即食鸡胸肉！

第三步：二级阶梯裂变文案

□ 成功助力好友裂变文案（当 B 用户助力了 A 用户，B 用户新关注公众号时收到的文案提醒）

[用户昵称]，您来啦~动动手指，马上领奖！

请在 1 小时内分享下方您的专属海报。

【2】位朋友扫码助力

您将解锁"口袋减脂营"线上免费体验名额：

✔ ACE 营养师带队，一对一饮食指导服务，帮您把控每一口；

✔ 微信小群三餐打卡，群友互相陪伴鼓励，一起养成瘦身习惯。

🎁 价值 109 元，今日开放 30 个免费体验名额，不要错过 2018 最后"吃瘦"机会！

【11】位朋友扫码助力

☞ 您将免费获得原价 39 元即食鸡胸肉！

🎁 今日还剩 [奖品剩余数量] 份，手慢无！

□ 收到助力好友成功助力的提醒文案（B 用户助力了 A 用户，A 用户收到的助力成功提醒文案）

[助力好友昵称] 为您成功助力，已有 [已有助力好友人数] 位好友助力，还差 [达成条件需要人数] 位好友助力即可免费领取价值 39 元即食鸡胸肉！

□ 达到裂变人数提醒文案（当完成二级裂变人数助力时，推送此提醒文案或图片）

🎁 恭喜解锁领奖口令，"1022jxr"

👆 扫码添加管理师，等待消息提示后，凭口令领奖。

❗❗❗ 重要！重要！重要！

1. 请勿在公众号后台发送口令，须添加管理师好友！
2. 通过好友后请勿立即发送！等待管理师跟您发送提示消息后，根据提示发送！

添加课程老师二维码。

□ 活动结束提醒文案

活动已结束！活动已结束！活动已结束！

非常感谢您的热情参与！十分不好意思，本次活动奖品已领完！

但我们决定送您一份额外福利：

🎁 价值 109 元 "口袋减脂营" 限时免费体验名额。

✔ ACE 营养师带队，一对一饮食指导点评，帮您把控每一餐；

✔ 小群内三餐打卡，群友互相陪伴鼓励，减脂路上不孤单；

✔ 科学有效，我们已经成功帮助 3 万 + 学员达到他们的理想体重。

❗ 今日加量发放免费体验名额 30 个。

扫描下方二维码添加健康管理师，根据引导提示领取！

同时也希望你继续关注口袋减脂营，我们每天都会发放各种福利哦！

⭐ **思考与练习**

假设你是自酿红葡萄酒社群的负责人，现在想扩大社群的规模，试结合社群的特色制订合理的裂变方案。

项目三
社群活动策划

作为国内第一家发现、分享、交流美食的食谱类美食互动社群，豆果美食为美食爱好者提供了一个在线交流平台（图3-1）。豆果美食80%的内容来自用户，豆果美食上的食谱都带有个人化的色彩和满满的温情，网站用户围绕食谱展开话题交流，进而引发群体共鸣。将成千上万有共同兴趣和价值观的用户聚集在一起交流、分享，依靠用户产出，豆果美食成功聚集了一批庞大的菜谱数据。通过对数据的"深耕细作"，豆果又"反哺"满足了更多用户对于美食制作的需求。一种建立在产品与用户群体之间相互作用的社群经济模式显现出来。

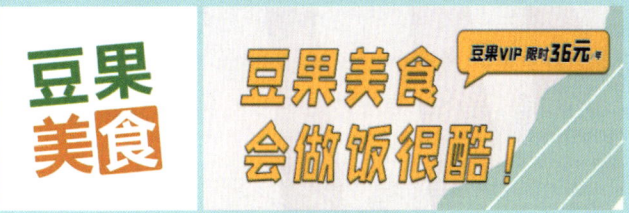

图3-1 豆果美食社群

这种依靠用户，贴近用户，并满足用户的社群模式，颠覆了消费者与企业之间传统的沟通与互动模式，为豆果赢得了一大批忠实用户。以功能为核心的产品导向，让每一位用户自由产出信息的同时也能自由吸纳，豆果圈圈晒贴，便很好地体现了这种模式下的用户忠诚。截至2015年12月底，豆果美食App累积下载量达1.2亿，注册用户达3 000万，日活用户超380万。切实满足用户需求，以用户利益为出发点成为用户黏度最有效的添加剂。

除此之外，社群模式下培养的个性化、差异化服务也为忠实用户的积累提供了特殊支持。拿豆果美食来说，通过对用户习惯的研究，从用户使用场景出发，豆果与众多第三方内容提供商展开深度合作，打造"购好货"电商平台，并严格把控商家内容系统化的质检和上线标准。同时，与功能菜谱优势互补、资源整合，通过互联的形式，触发用户购买欲望，从有用户到有销量，从社群到电商，豆果美食既解决了电商的流量难题，又实现了互联网的成功闭环，也成就了豆果美食的商业模式。

农产品社群营销

任务一　社群活动选品

学习目标

1. 了解农产品选品原则。
2. 了解社群活动爆品的特点。
3. 掌握社群选品的方法。

情境引入

退伍军人王爱国在某小区开了一家名为"百果千汇"的水果店,店内除了销售日常的一些水果外,还会销售广东各地区的一些土特产,如荔枝干、陈皮、香菇腐竹等。王爱国加入了小区业主微信群,然后在业主群里用了几天的时间不间断地发红包和海报,将群里的业主用户引流到自己的活动群,获取了第一批种子用户。他准备在白果千汇活动群开展一系列的线上线下融合的社群活动,在开展社群活动之前,要确定好适合社群活动的产品和奖品,他该如何行动呢?

任务分析

社群活动是社群营销和运营的重要组成部分,只有热衷于社群活动的用户才能带来最大的效益,也只有这些用户才能在不断沉淀中成为忠实用户。社群活动的实质还是卖东西,既然要卖东西,就离不开活动前的选品。顾名思义,社群选品是指根据用户的需求,明确社群活动需要引入的产品。这里的产品可以是引流品或者是爆款品,具体要根据社群运营方案来定。此外,还要确定用于活动的奖品,对于社群运营来说,有活动自然离不开奖品,奖品的设置可以调动用户参与社群活动的积极性。

社群活动选品

一、农产品社群选品分析

农产品范围广泛,如何才能确定要做的产品呢?首先,要对农产品品类进行梳理。根据产品附加值和社群销售难易度这两个属性,农产品可以被分成4大类,如图3-2所示。

社群销售难易度是指该产品是否适合做社群，比如是否适合通过线上社群来展示产品的特色，是否适合物流配送，是否容易通过社群建立信任，不同的类别适用不同的选品思路。

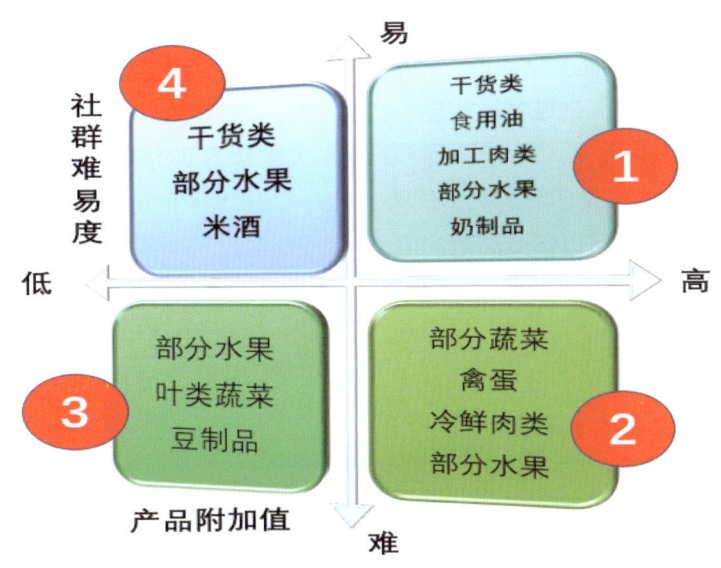

图 3-2 农产品分类

（一）第一象限：高附加值且易于做社群的农产品

这类产品应该作为主打产品和主要盈利来源，包括部分高端干货、食用油、水果、牛奶和一些加工后易储存和运输的肉类。这类产品附加值比较高，而且便于储存和配送。

例如，农人网主打干货、茶叶和一些容易储存配送的水果；和乐康主打美国进口有机牛奶；还有很多鲜果类的电商，其主要盈利产品也都是那些附加值高易配送且品质有保障的水果。

（二）第二象限：高附加值但不太易于做社群的产品

这个象限的产品包括禽蛋类、冷鲜肉类、水产品类和一些蔬菜水果。这些产品主要是由于储存和配送条件的限制不太适宜做线上销售，而且由于产品标准难以制订，不太容易通过社群展示特性。但是我们可以通过创新来改变这些限制条件，使其更易于做社群，比如，通过预售，来减少中间的仓储时间和成本；通过包装，改进储存和配送条件。例如，每日优鲜在全国主要城市建立"城市分选中心 + 社区配送中心"的极速达冷链物流体系，为用户提供全球生鲜产品 2 小时送货上门的极速达冷链配送服务。

（三）第三象限：低附加值且不易做社群的产品

这类产品主要是那些叶类蔬菜、豆制品、水产品。这类产品一般不适合做社群，但以下几种情况除外：附加值较高的有机蔬菜且能够跟其他产品一起配送（单次仅配送有机蔬菜相对成本过高）；作为搭配销售的豆制品；预售或者是定期配送。

（四）第四象限：附加值低但易于做社群的产品

这个象限的产品包括普通干货类、一些根茎类蔬菜及一些水果。由于重量大，运输成本较高，此类产品比较适合薄利多销。

二、农产品社群选品原则

选品对农产品社群营销来说非常重要，不是所有农产品都适合通过社群开展线上销售，也不是所有农产品都能卖爆，因此要明确选品原则。

（一）用户认知度高，地域特征明显

比如山西老陈醋、北京烤鸭、果脯、阳澄湖大闸蟹等农产品，都是拥有较高知名度的，在同类产品中具有非常明显的竞争优势。

（二）有独特卖点，可以创造高附加值

比如，云南香格里拉的松茸，在《舌尖上的中国》推出以后，其他地区的消费者对云南松茸感到好奇，也增大了对它的需求量，又因为大家对它的价格不是很敏感，所以它能够卖出好价格，能够承担高的运送成本。

（三）需求量大，购买频率高

刚需且购买频率高的农产品最适合做社群运营，因其市场容量大，且消费者需求稳定，不易受外部因素的影响。例如，日常消费品（油、米、酒、茶）和地标类产品（苹果、梨子、橘子）等。农产品作为我们生活生存的必需品，必须保证其食用的安全健康性，要严格把控质量，保证消费者吃得放心，吃得安心。

三、农产品社群活动选品

（一）农产品爆款打造

社群活动选品首要任务就是要打造爆款产品，人气高、销量高的产品就是爆款。一般来讲，爆款农产品具有以下几个特点：

1. 土生生长

"土"是农产品最主要的特色，也是安全健康的代名词。农产品讲究源头和地域文化，多数为原产地土生土长、原产地直发，由作为农民的电商从业者亲自种植、亲自制作。如图 3-3 所示，土鸡蛋的最大特点就是"土"，社群运营者可在自己社群中重点宣传鸡蛋的原生态生产条件，让消费者对产品产生信任，产生好感，放心购买。

2. 味道好

农产品一般兼具健康、绿色、有机、天然和好吃等特点，食用性是其最基本的属性。对于食用农产品来说，味道好才是王道。大力宣传农产品的绝妙口感可以吸引大量消费者来购买，如图 3-4 所示，美味牛肉干在宣传上着重强调"美味"，在勾起消费者食欲的同时，促进其购买行为的发生。

图 3-3 土鸡蛋

图 3-4 手撕牛肉干

3. 品质好

产品品质是成为爆品的基础，只有品质好，才能吸引用户反复购买。农产品品质追求"三原"，即原产地、原采集、原生态。原产地代表着产品具有土生土长的身份，具有浓厚的地方特色；原生态是指产品天然无污染，能够彰显出产品的品质；原采集则是指产品的生产工艺，是产品的附加值。比如，土鸡蛋，原生态蜂蜜，这样的土特产因为安全健康让消费者产生了信任和好感，放心购买。

4. 产品本身有"故事"

讲故事是打造产品文化、提升产品核心价值、提高产品市场竞争力的有效手段之一，社群运营者可以为自身的农产品编写一个有意义、有特点的故事，以此提高农产品的知名度与用户对农产品的好感度。例如，在社群里发布某大学生群主的创业故事，利用创业者的返乡大学生身份等特征，对农产品进行塑造包装，让消费者心生好感，以此收获忠实用户。

5. 具有核心差异点

为了满足社群的即时消费和冲动消费，社群运营者需要选择具有差异化的活动产品或新奇的非标品。比如，清远的走地鸡、成都的黑石榴、海南的贵妃杧果等具有明显特色的产品，避开巨头，进行差异化竞争，给用户提供更多更好的选择。再例如，某社群推广某一农产品，宣传其独特的种植方式、祖传的采摘方式、独家的制作工艺等，从而建立自己的独特优势。如图 3-5 所示，纯手工制作的速冻水饺会在宣传文案中

图 3-5 手工包饺子

强调自己的手工制作工艺,并在活动海报上配上制作过程的图片,体现真实感以吸引用户。

6. 具有品牌效应

想要农产品成为爆品,就要重视农产品的品牌化营销。由于缺少品牌化,像阳澄湖大闸蟹、赣南脐橙、新疆大枣、度尾文旦柚、金沙薏米等很多具有明显地域特征的农产品营销受到了极大的制约。因此,在农产品社群化之前,首先就要学会将产品品牌化,提升农产品的知名度和在顾客心中的可信度。褚橙的成功就是农产品品牌化的最佳案例。

案例:褚橙是冰糖橙种植人褚时健培植的甜橙。当时,褚时健为迎合我国消费者的选择偏好,十年磨一剑,培植出了我国消费者喜爱的甜橙,并以"云冠"的名称面向市场销售。但大多数消费者只知道褚时健培植的甜橙味道佳、口感好,并不知道云冠甜橙,云冠甜橙的销量自然并不让人满意。褚时健为了扭转局面,打出了"褚时健培植的甜橙"的条幅。条幅一出,橙子销量倍增,"褚橙"的名称取"云冠"而代之,渐渐成为我国消费者喜爱与销量最好的冰糖橙品牌之一。

7. 具有可描述性

一款好产品不会自己说话,需要好的语言去包装。一般来讲,在对产品进行描述的时候,尽量多使用数字,少使用形容词,以增加描述的客观性,获得用户的信赖,如表 3-1 所示。

表 3-1　爆款产品描述方式

描述维度	描述方式
产区	北纬 37°黄金冰糖橙产区
品质	经典西班牙发酵葡萄酒
工艺	九蒸九晒黑芝麻丸传统手工制作
原料	五种杂粮 精挑细选
类比	世界三大优质矿泉水源

(二)社群选品的方法

1. 跟款选品法

所谓跟款选品,是指跟爆款选品,即现在流行的爆款产品是什么,就选择什么。正所谓"知彼知己,百战不殆",爆款农产品之所以可以成为爆款,是因为其价格、口味、认同度等都经过了市场检验。例如,某社群运营者,发现很多用户在秋冬季节喜欢买橙子,特别是农夫山泉 17.5°橙很受用户热捧,于是在群里宣传 25.3°赣南脐橙。

2. 线下选品法

农产品由于产地和生产时间不同,品质也不同。例如木耳,有云南黑木耳和东北秋木耳；新会陈皮，有 10 年的也有 20 年的，年份不同，功效也不一样。对于这种农产品，最好去线下的实体店、农产品产销基地、果园农场实地考察后，再来分析自己有把握做什么农产品。也可到一些产业带进行市场调研，比如福建安溪产业带的茶叶等。

3. 微信朋友圈选品法

对于社群选品，建议多关注朋友圈。我们往往可以在朋友圈里看到用户的关注点在哪里，他们的需求是什么，如图 3-6 所示。微商也可以关注，但需要注意，有些微商的产品是虚假宣传，我们需要筛选的是不同微商同时推的产品，这些产品往往是时下热点。

图 3-6 朋友圈用户晒图信息

4. 短视频平台选品法

时下火爆的抖音、快手、微视等视频平台也值得卖家们关注。例如，自从小猪佩奇在抖音火了之后，其相关产品如小猪佩奇玩具，淘宝搜索量暴增。商家也很困惑，不知道发生了什么。许多热点出现，很有可能带动一波购物热潮，这种时候就需要卖家敏锐地捕捉此类信息了。

四、选择社群活动奖品

大多数情况下，社群用户愿意参加活动，是想得到吸引人的奖品。若奖品价值太低、太容易随手取得、不独特或奖品数量太少，都会降低用户参加活动的意愿。为了能够吸引更多的用户参加活动，需要在奖品的选择上下足功夫。在选择社群活动奖品之前，需要思考以下几个问题：

①奖品是用户想要的吗？②奖品匹配本次活动吗？③奖品的价值够高吗？

选择社群活动奖品的流程：

1. 了解社群用户

奖品是发给用户的,可以将奖品选择罗列出来,发到群里让用户进行投票,这样结果可能更明显一些,也顺便和用户进行了互动。

2. 选择活动奖品

对用户进行了基本的了解之后,我们就需要选品(奖品)了,这个时候社群运营者最关心的就是奖品价格和活动经费之间的矛盾了,其实不必每次都使用实物商品,可考虑边际成本为 0 的虚拟商品,我们在选择奖品时,可以尽可能地选择虚拟奖品。最常见的虚拟奖品有优惠券、课程、电子书、资料包,抽奖资格等。这里详细说一下奖品为抽奖资格这种情况,这样的设计主要是针对奖品单价高、数量少的情况,它区别于增加邀请人数的设计,可以极大地刺激用户的参加热情,不至于任务难度太高而放弃。

3. 采购奖品

实物商品的发放通常伴随着不小的物流成本,我们可以通过线上直采的方式来转移物流成本,推荐拼多多、阿里巴巴等网站,上面商品的价格低,而且大部分包邮。还有一种方式也可以降低成本,就是注册一个阿里妈妈账号,去寻找低总价、高返利的商品作为活动的奖品。但值得注意的是,我们一定要选择店铺评分高的商家,避免产品质量低下的问题。

4. 塑造奖品的价值

找到奖品之后,需要对奖品进行包装,提高奖品在用户心目中的价值,可以在材料、工艺、稀缺性、品牌等方面进行奖品价值塑造。塑造完奖品价值之后,拍摄奖品图片制作成奖品海报,在社群里进行展示,让用户能够了解到奖品的价值,从而提高社群活动的参与率。

任务实施

王爱国的百果千汇微信活动群获取了第一批种子用户,准备在元宵节前后策划一次社群活动。请结合本任务背景和"阅读资料"完成以下任务:

1. 任务目标

完成社群活动爆款产品——脐橙的打造和活动奖品的选择。

2. 任务载体

百果千汇微信活动群、PS 工具、脐橙、拍摄工具。

3. 实施步骤

(1)了解社群用户需求:提前半个月在群里征求用户对产品的意见、活动奖品的建议。

(2)结合用户需求和社群活动目的,进行数据收集和分析,挖掘脐橙的卖点信息,完成表 3-2,生成文案,发布在活动群和朋友圈。

表 3-2　脐橙卖点描述

卖点维度	卖点描述
产区	
品质	
包装	
特色	
服务	
价格优势	
产品故事塑造	

发圈文案如图 3-7 所示。

图 3-7　爆款产品发圈文案

（3）将脐橙的生长情况拍成图片发布在活动群和朋友圈，图片信息包括果农日常生活、种植、采摘等。

发圈图片如图 3-8、图 3-9 所示。

图 3-8　苹果采摘

图 3-9　菜农日常

（4）制作脐橙的活动宣传套图，提前 3～7 天发布在活动群和朋友圈，发圈示例如图 3-10 所示。

图 3-10　发圈示例

（5）选择社群活动奖品，并填写表 3-3。

表 3-3　活动奖品

奖品形式	虚拟奖品	实物奖品
奖品内容		
采购渠道		
奖品图片呈现点		

（6）确定活动产品、奖品的图片和文案，并发布至社群。

阅读资料

如何进行农产品拍摄

把产品图片发到社群供消费者挑选,听起来容易,实际操作起来却是困难重重。如何将农产品最美的一面展现给消费者?农产品的拍摄需要注意哪些问题?

首先,拍摄时必须充分展示农产品的形、质、色,诱人却不过分夸张。所谓"形"就是指农产品的整体形态及外形特征,"质"则是指农产品的质地、质量、质感,这是拍摄时要求最严格的地方。体现质的影纹层次要细腻逼真,细微处也要清晰展现。"色"则是指农产品的颜色。农产品拍摄对色彩有较高的要求,在色彩的处理上应该做到互相烘托,避免给人以繁、杂、乱之感。

其次,要想拍摄好高品质的农产品,对拍摄器材的选择也有一定讲究。作为农村电商从业者,必要的花费是不可或缺的。一定要有专业摄像设备,即使没有专业摄像设备,也必须要有一部能拍摄高清图片的手机。在拍摄时一定注意保持相机平衡稳定,有三脚架最好。因为掌握相机不容易,如果出现情绪波动可能会造成相机颤动,从而影响图像的清晰度。

最后,拍摄过程中一定要注意保证充足的光线。一般来讲,拍摄时较少使用自然光。如果有条件的话,最好能够利用人工光源进行拍摄。事实上,将农产品拍摄出理想的效果并不困难,只要有好的构图并配上合理的布光和布景,随时注意畸变和景深的控制,就能将农产品拍好、拍美。特别需要强调的是,农产品拍摄既要将农产品的美展现得淋漓尽致,还要注意不能因追求意境而造成农产品失去本来的面貌,只有真实的才是最适合的。

下面一起了解几个具体的农产品拍摄技巧。

(一)真实的展示

如图 3-11 所示,对真实的产品进行拍摄,即使有一些瑕疵也没有关系,修图无需修得太严重。过于完美的产品展示图反而会让消费者的心理预期过高,收到货后看到有瑕疵等问题而无法接受。

尽量真实展示园区生长环境及采摘、制作加工、包装发货等过程。如图 3-12 所示,在宣传图片中呈现出农民采摘西红柿的场景,体现农产品的自然、健康、原生态,让消费者看到后更有购买欲望。

图 3-11 咸鸭蛋

图 3-12 西红柿采摘

（二）场景式拍摄

如图3-13所示，白领工作时可以吃的小零食，通过真实的食用场景吸引顾客，刺激消费者购买冲动。其他场景比如朋友聚餐、妈妈喂小孩、公园场景、野外露营、躺在沙发上等，也非常适合展现农产品。

（三）单个农产品的拍摄

如图3-14所示，拍摄单个农产品时，图片要尽可能简洁，一般采用素色背景。因为素色背景可以弱化背景的距离感，同时增大画面的景深，最大化地突出需要展示的产品。特别对于一些需要着重突出颜色的产品来说，淡色背景是最好的选择。如果选择深色背景，要特别注意避免和产品同一色系，以免产生违和感。同时，为了简单、明确地将产品呈现给消费者，拍摄单个农产品一般采用对角线构图的方法，还可以适当选择一些饰品进行搭配，以充分呈现出画面的美感。

图3-13　白领零食食用场景

图3-14　橘子单照

（四）农产品细节的拍摄

对于用户来说，农产品的质量通常是其最关心的问题。因此，在对农产品进行拍摄时，拍摄者需要将农产品的一些细节清晰地呈现给消费者，如图3-15所示。一般情况下，由于标准变焦镜头的最近对焦距离太远，很难拍摄到所需要的农产品特写图，这个时候微距镜头就非常重要了。而用手机拍摄的朋友在拍摄时一定要注意打开微距模式，或者尽可能地拉近镜头，这样在拍摄农产品细节的同时还可以营造一种浅景深的美感。

（五）多个农产品的拍摄

拍摄多个农产品时，构图非常关键。因为过多的产品摆放在一起常常会给人零乱感，这就需要拍摄者进行排列组合，形成一些特定的形状，以营造出和谐的整体感，如图3-16所示。通常，三角形、弧形、方形都是拍摄多个农产品时较好的选择。拍摄时还可以加入一些品牌元素，在彰显新意的同时也为自己做宣传，以加深消费者对品牌的印象。

（六）艺术性拍摄

如图3-17所示，艺术性拍摄也经常被用于农产品的宣传上，其较夸张的拍摄方式非常吸引消费者的眼球。在企业宣传海报及一些产品展示会上，这样的图片往往会取得让人意想不到的效果。建议农村电商经营者花时间接触一些时尚大片，然后模仿其拍摄风格和造型，拍出适合自己产品的图片。

图 3-15　鸡蛋细节

图 3-16　多个农产品拍摄

图 3-17　艺术性照片

在电商全面发展的今天，图片是最能直观地向消费者展现产品形态和质量的媒介。如何将产品最美的一面呈现给消费者，确实是非常值得电商经营者用心思考的一件事情。摄影也是一门艺术，技巧再多，但最终还是需要电商经营者去挖掘和尝试。世上无难事，只怕有心人。只要肯用心，相信大家都能将自己产品最美的一面呈现给广大消费者。

思考与练习

1. 农产品的选品主要考虑哪几个方面？
2. 如何选择社群活动的奖品？

农产品社群营销

任务二　线上社群活动策划

学习目标

1. 了解社群运营人才培养机制。
2. 掌握线上社群运营组织架构。
3. 掌握线上社群活动的运营流程。

任务引入

王爱国的百果千汇微信活动群获取了第一批种子用户，他准备在百果千汇活动群开展一系列的线上线下社群活动，加强引流，同时增进跟用户之间的交流，接下来要开一场高质量的在线社群活动，他该怎么做呢？

任务分析

社群活动是塑造社群文化的关键，当塑造出某种稳固的社群文化，用户对社群的认知度就不再局限于使用习惯和依赖，而是从物质到精神上的全面认可，从而大幅度提高用户的凝聚力和归属感。要塑造属于自己的社群文化，关键在于让用户参与到线上线下活动中来，实现线上线下的传播闭环，提升社群的运营效率。要策划线上线下融合的社群活动，一方面要搭建良好运转的活动运营团队；另一方面要精准定位用户，制订线上活动方案，让线上活动定制化，并有效实施。

线上社群活动

一、线上社群运营团队组建

一个优质的社群离不开高效的运营团队，一个优质的群体不能无组织架构，那么对于社群而言，怎样去构建其线上的运营组织架构？社群的规模不同，社群的组织架构也不同。

社群的运营需要权限的分配，可分为集权或分权。

集权：由偏强势的管理员驾驭，对社群成员有一定的影响力。

分权：权限分配给每个小组长管理，小组长由管理员统一管理。

社群的规模要做大，必须分权给小组长承担更多的责任，独自管理。不管是集权还是分权，社群的维护不能没有组织结构。社群运营的组织结构会根据社群规模的大小逐渐变化。

（一）线上社群运营组织架构

1．初期社群

这个阶段社群的规模小，组织架构尽量精简，如图 3-18 所示，具备基本的运营功能就可以了，主要是依靠群主、助理和运用群机器人工具去维系群内事务。

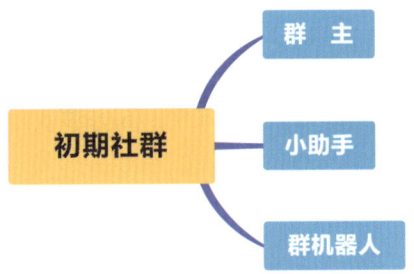

图 3-18　初期社群运营组织架构

2．中期社群

这时的社群规模扩大，但仍处于小规模社群的状态，需要把管理组群和普通群区分开来，可以吸收群里不同能力的人才为群做贡献，如图 3-19 所示。进行社群运营分组，分权，让小组长承担更多的责任，独自管理。

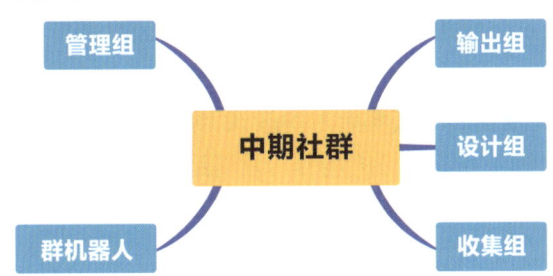

图 3-19　中期社群运营组织架构

3．后期社群

这时的社群达到一定规模，社群人数大幅度增加，到了社群变现的阶段，可以借鉴高校社团的运营模式，如图 3-20 所示。

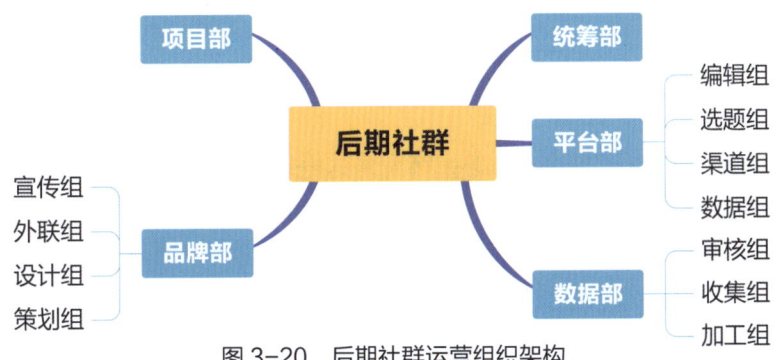

图 3-20　后期社群运营组织架构

值得注意的是，社群达到一定规模后，社群运营会面临一些问题，诸如大社群运营中人员的变动性增加；人员的临时事务冲突可能性更大；人员彼此之间因为不熟悉而工作缺乏默契，产生更多的沟通问题。除此之外，社群运营离不开大量信息资料的支撑，要做好运营资料的记录和分类归档等。因此建立有效的沟通机制和社群运营人才的培养机制是运营团队的重中之重。

（二）社群运营人才培养机制

优秀的运营人才应具备以下条件：①性格好，做事有耐心，有责任感。②心态好，能自我调整，不把任何个人情绪带到工作中。③熟悉互联网，能轻松获取各种网络热点。④善沟通，很自然地知道对于不同人的表达方式。⑤办事效率高，能积极完成任务。

并不是每个运营新人都值得我们培养，我们需要去寻找新人，挖掘新人。运营新人的培养应制订明确的培养方案。

1．明确运营新人的定位，根据定位制订不同的培养方案

要培养新人，首先要清楚加入社群的新人的定位是什么。

（1）如果希望这个人成为社群的开心果、气氛点燃者，那么就让这个喜欢自黑娱乐的人做自己就好。

（2）如果这个人是社群的内容创造者，那么现有的社群运营者就得主动提出内容策划方向，指导新人完成内容的创作。

（3）如果发现新人的创作进入疲惫期，社群管理者就会通过一些活动和交流，一起找到新的创作灵感。

2．逐步放权，通过复盘总结实现能力螺旋式上升

对于活动型社群的新人组织能力的培养，社群运营者更要敢于放权，大胆试错，必须放弃一切论资排辈的习惯，一个人能否承担社群工作最重要的评估点是新人有无热情、有无时间、有无能力储备，而不是有无资历。

新人对工作从陌生到熟悉，一定是需要不断实践的。在以老带新的过程中，老成员如果事必躬亲，不但会拉低团队合作的效率，也会让新人养成依赖的习惯。因此，老成员应该先放手让新成员去做，并给予其足够的资源支持，不随便把自己的想法先入为主地强加在新成员身上。为了避免风险，可以先让新人小范围内独立做一些完整的工作，积累几次经验后，就该放手让新手独立完成工作，通过承担更大压力的工作来锻炼其综合能力，并通过复盘总结帮助新人实现能力的螺旋式上升。

3．设置指导老师，实施升级考核

由于新人参与社群运营的经验不多，就需要社群负责人为新人指派一名有经验的运营者协助，但协助运营者只负责在重要节点或者容易被新人忽视的节点进行适当提醒。通过现有精英社群运营者的适时指导，新人能更快地进步。也可以更进一步直接采用师徒制，让社群成员之间有更深的感情连接，倘若以后新手在执行任务中遇到问题，也会及时找对人指点。除了有针对新人的帮助指导机制，社群运营也应该有升级竞争、考核淘汰机制。

考核机制的引入能量化评价新人的工作成效，提高其工作参与度。对于考核不合格的新人，引入淘汰制度，有淘汰才有危机感，有危机感才会更加珍惜现有的社群运营工作。

例如，某社群对加入的群管理员，设置3～4周的考核期，通过考核期者将予以转正。该社群考核机制是积分制，积分直接体现，100积分=1元。具体考核机制如下：

（1）签到奖励。签到给予积分奖励，例如，连续签到7天，奖励100积分；连续签到15天，奖励300积分；连续签到30天，奖励1 000积分。

（2）邀请有奖。对群管理员实施邀请奖励，群管理结合H5活动，独立组建运营社群可以获得相应奖励，具体奖励规则如表3-4所示。

表3-4 邀请积分类奖励规则

邀请人数/人	所获积分/分
50	500
100	1 000
150	1 500
200	2 000
300	3 000
400	4 000
500	5 000

（3）线下活动执行。独立开展线下活动，可以获得相应的积分奖励，活动参与人数达10人，可以获得1 000积分，10人以上每增加一人，可以获得500积分，100人封顶。每个社群设置1～3名群管理员，通过群用户质量、活跃度、活动参与度等指标考核群管理员，表现优秀者可以获得周最佳管理员奖，奖金300元；月度最佳群管理奖，奖金500元；季度最佳群管理员奖，奖金1 000元。该社群还设置了淘汰机制，对于考核积分最低的，采取末位淘汰制；考核积分位于某个区间以下的，采取区段淘汰制。

二、策划线上社群活动

社群营销，离不开社群活动。很多社群正是通过策划一次次的活动引爆社群，促活社群成员，为社群变现打好基础。

一般来讲，线上社群活动策划包含以下几个核心环节：

（一）确定活动目标和主题

在活动启动的前期，要明确活动目标是什么，即希望通过本次活动，达到一个怎样的效果。例如，策划一次农产品社群活动的目标，是实现品牌曝光？是促进社群活跃？是实现用户引流？还是完成社群转化？不同的活动目标，决定着活动的运营方向和核心方法。

同样，任何社群活动都有主题，如周年庆、社群节、节日促销、特卖会等，只有确定了活动主题，才能开展活动策划，吸引用户参与进来。要确定社群活动主题，就需要对用户的需求进行精准定位，首先，在确定活动之前，要明确用户的空闲时间，包括具体日期、具体时间段等，再进行设计；其次，要分析用户的消费时机，即用户什么时候最容易产生购买行为。例如，对于电竞产品而言，每年的寒暑假是营销的好时机；对于水果产品而言，应季水果的购买时间就是其最佳销售时机，具体可参考表3-5。

表3-5　部分应季水果购买时间

农特水果	1月	2月	3月	4月	5月	6月	7月	8月	9月	10月	11月	12月
荔枝						■	■					
杧果				■	■	■	■	■	■	■		
金橘	■	■	■	■	■							
火龙果					■	■	■	■	■	■	■	
山竹					■	■	■	■	■	■		
榴梿						■	■	■	■	■		■

最后，确定了消费时机后，还要明确以下几个方面：在该时间点，用户的最大需求是什么？是尝试新品还是服务优化？是休闲娱乐还是兴趣爱好？综上所述，在确定活动主题时，可以根据时间、需求两大属性精准定位用户，为其制订活动主题。

（二）策划活动玩法

活动玩法也就是活动的模式，即实现活动目标的具体路径。以下是常用的线上社群活动玩法：

1. 红包雨

在群里发活动红包，让用户获得物质利益，增加与用户之间的互动，也可以调剂社群关系。例如，某吃货分型社群，有奖竞猜、精华言论、分享社群时都会发个红包等。但要注意：不要在半夜和清早，以及9:00—10:00大家很忙的时候发红包，这些通常是活跃度都偏低的时间段；不要毫无目的地发红包，让红包失去了激发活跃度，激发更多用户行为的作用；红包不一定是现金，它可以是优惠券、礼品券、抵现红包等。

2. 干货分享

在有些内容性强的学习型社群中，干货分享的活动一定会吸引群成员的关注。干货分享，一方面能够增加成员对这个社群的忠诚度和归属感，同时增加成员对这个社群的依赖和信任；另一方，可以有效地引导用户互动交流，产生用户行为。例如，在群里发布"回复评论领取积分""回复评论领取干货大全""精华评论可获得干货奖励"等，引导成员参加干货分享活动。

3. 邀请"大咖"交流互动

"大咖"效应通常能够引起许多群员和围观群众的关注。不管是线上互动还是线下见面会，都能够积极带动自己社群的活跃度和话题。例如，明星互动、网红互动、大咖讲座等都是不错的方式，同时还能作为推广点，吸引更多的新成员加入。

4. 众筹内容

这里的"众筹"是指"从群众中来，到群众中去"，让群成员来策划社群活动内容。例如，某美食分享群发布活动文案："虽然国庆活动已经宣告结束了，但是，为了让众多吃货得到更多美食烹饪的方法，现开展'双十一'美食烹饪文案召集令活动！将你看见的、做好的、熟悉的、独家的、之前的、今年的文案、活动、策划随手丢给我们一个，仅需三步：复制链接—关注公众号—留下邮箱。文字、图片、视频均可。"我为人人，人人为我，最后获得由大家心血凝聚的汇集版。这种活动玩法门槛低，社群成员都可以参加，容易促成社群优质内容的生成，也减少了成本、时间、精力的投入。

5. 混群吸粉

混群吸粉往往是引流类活动的必选方式，也是目前成本最低、优势最大的吸粉渠道，只要有能力把别人的微信群粉丝变成自己的好友，你就永远不缺流量了。这种玩法首先需要根据自己的角色定位找群，例如，想找宝妈群体，就要给自己定位成宝妈，去找宝妈群；定位成学生，就找学生群。进群后就要"混群"，可以采取发红包、自我介绍、分享有价值的信息等方式与群成员互动，搞定群主及活跃分子。如果是微信群，可以主动加成员的微信，在朋友圈点赞互动，学会在朋友圈找话题跟他们私聊，成功将一个群转化后，可以分享自己购买的产品、优惠券等，刺激好友下单。

6. 有奖竞答

对于促销类群活动，有奖竞答绝对是线上引流常用的一种方式。例如，某水果店建立了线上活动群，有奖竞答活动都是与水果店相关的问题，比如，水果店的地址、电话、会员如何优惠等。问题一提出来，满屏都是水果店的名字、地址、电话等，经过几轮有奖竞答，群成员就会对水果店的重要信息记忆深刻了。

7. 社群游戏

在社群互动中，日常聊天很难形成强烈的情感联结，设计社群专属小游戏，可以加速社群的情感联结，激发用户的参与热情。可以依靠各大平台自带的功能，组织线上小游戏活动，如将红包改造成红包接龙等游戏，或玩以"掷骰子"为基础的真心话大冒险游戏等。这些简单的小游戏，既方便用户参与，也能够节约运营成本，是社群专属小游戏的合适模板。当然，也可以直接利用第三方平台工具开发专属的 H5 游戏，此类平台有极点互动、微博盈趣、凡客互动等，以更加丰富的游戏体验实现与用户的情感联结。

其他活动玩法还有学习打卡、每日分享、成语接龙、群员分享、课程引流等，设计玩法时，既要在内容上有趣，又要在形式上新颖，一定要思考活动的趣味性、易操作性、实用性。

趣味性：在活动中，要不断植入"游戏感"，比如通过积分奖励、通关升级、PK竞赛等方式，让用户乐在其中，而不是枯燥参与。

易操作性：活动尽量要简单易操作，复杂的参与流程会让用户不耐烦，导致用户流失。比如参与活动时，要让用户填写各种表格，就会很影响用户的体验感。

实用性：用户参与活动以后，能够回味无穷，有所收获，而不是参与结束后没有留下记忆点。

（三）活动筹备

一场线上活动需要各方面的配合，活动筹备往往决定着一场活动的成败。线上活动筹备主要包括3个方面：物料准备、人员准备和风险预测。如表3-6所示。

表3-6　线上活动筹备

物料准备	
活动海报	例如，某美食分享社群举办活动时，通常会邀请大咖、美食达人做分享，这时可以制作一张活动海报，至少包括活动主题、分享大咖、活动内容、活动时间、地点和活动价格这几个部分
活动文案	在制作活动文案时，要包含活动主题、大咖介绍、利益点、活动时间、活动地点、报名咨询、往期活动展示、合作机构等活动细节
活动预告	撰写活动预告文案，通过群发预告、私信群好友等方式，预告社群近期的活动
奖品或礼物	如果是免费活动，还要考虑成本问题，可以找一些广告商合作，对方提供赞助节省成本，粉丝收获奖品，还能帮助合作方宣传产品
活动链接或二维码	通过第三方平台工具，如草料二维码等，先将活动链接和活码制作出来，以备活动发布之用
人员准备	
嘉宾名单	线上活动前，要和嘉宾确认一些活动细节：入群分享时间、分享的主题
人员安排	人员安排，包括统筹、设计、开发、编辑、推广、运营、公关等，每个岗位的人员可根据活动规模大小增减，小的社群活动也可一人身兼多职
风险预测	
风险预测就是在活动正式执行前进行活动的假想演练，考虑是否有政策、法律、舆论、规则等方面的风险	

（四）活动执行

活动目的、活动玩法，以及相关筹备工作做好了以后，下一步就是活动正式执行，大致包括三个阶段：活动预热、活动引爆、活动跟进。

1. 活动预热

预热的目的很简单，就是提前通知用户时间、活动、嘉宾，提前烘托带动群里氛围，吸引大家一起参与。要尽可能多地让潜在目标受众对活动感兴趣，产生参与的欲望。例如，策划一个线上分享活动，可以利用海报、文章推送的形式提前一个星期告知群用户，在什么时间将有一场怎样的活动要举行。同时可以设计一些小游戏调动气氛，如口令红包、猜谜语等。更重要的是，提前联系一些关键人物让他们在活动开始前和进行时，在群内带头活跃，积极参与，可以根据他们的表现给予一些奖励。

2. 活动引爆

在活动正式开始之后，出动所有马甲号，动用所有资源进行造势引导群氛围，并进行有效的群互动。如表3-7所示，在朋友圈、微信群、公众号，以及社群能触到的其他平台，发布活动通知，以及宣传用户参与活动的热闹场景，持续引爆，吸引更多的人来参与互动活动，直到活动氛围慢慢冷静下去，进入活动跟进期。

表3-7 某美食分享社群活动互动方案

序号	规划	内容案例	备注
1	福利介绍	@所有人 本群为美食达人生活圈，以分享美食食用体验、达人经验、烹饪兴趣经验互助交流、活动福利回馈为主 进群即可享社群大福利哦！ ①每天社群红包 ②社群专享福利商品 ③每天群内一分钱抢10元优惠券	群发通知预热
2	第一波福利	@所有人 欢迎小伙伴加入美食达人生活圈！ 今天共有四波福利！ 接下来将发放第一波福利——红包雨！ 大家准备好了吗？ 在的请回复1	发1个5元红包，内含20份，手气最佳有奖品，共发两到三次 "没有抢到的朋友没关系，预告×点，第二波福利活动……"
3	第二波福利	@所有人 欢迎小伙伴加入美食达人生活圈！ 今天共有三波福利！ 接下来将发放第二波福利——1分钱抢10元无门槛优惠券！ 限量20份 大家准备好了吗？ 在的回复1	抽取利润在20元以上的商品
4	第三波福利	@所有人 欢迎小伙伴加入美食达人生活圈 今天玩一个小游戏哈^_^ 红包放大镜： 等下我发一个红包，抢到红包中的任意金额，都可以直接翻10倍，在商城购买东西时直接抵扣。另外，手气最佳的，还赠送10元无门槛代金券！ 想参加游戏的回复1 不回复的默认不参加游戏哈	游戏互动

（续表）

序号	规划	内容案例	备注
5	第四波福利	@所有人 欢迎小伙伴加入美食达人生活圈！ 今天有一个新品上新： 复购率90%，正宗赣南脐橙4千克，来摆出你专属的水果拼盘，到货了100份 现在开始，最先猜对价格的三名可享受赣南脐橙69元包邮购买（仅限1份） 晚上八点开奖 想参与活动的回复1 不回复默认不参与活动哈	

3. 活动跟进

在活动跟进期，基本上不会有大批新人参与，这个时候主要是为已经参与活动的用户提供优质的服务。一般要注意活动数据的监测，随时准备调整一些相关的话术、流程等，做好群内答疑工作，控制好舆论及其他风险。

（五）活动复盘

活动结束后，要结合活动最初的目标，进行复盘总结，分析这次活动效果是否达到预设目标，并总结出可复用的经验，为下次做活动做好准备。复盘总结包括这几个方面：

1. 回顾目标

活动总体目标是否完成？每个环节的目标是否完成？用户活动体验度的目标？

2. 评估效果

用户或粉丝满意度怎么样？活动流畅度怎么样？分享内容的干货度、趣味度怎么样？是否有需要改进的地方？

3. 分析原因

没有达到预设目标的原因？问题出在哪里？是流程问题还是规则问题？是素材问题还是自身流量问题？

4. 总结经验

哪些内容可以放进日常活动清单中？有哪些亮点和不足？不足之处如何避免？下次活动如何改进？

通过对经验的总结和复用，社群活动才能越做越好，社群影响力才能越来越大。图3-21为某社群线上分享活动策划流程，可供参考。

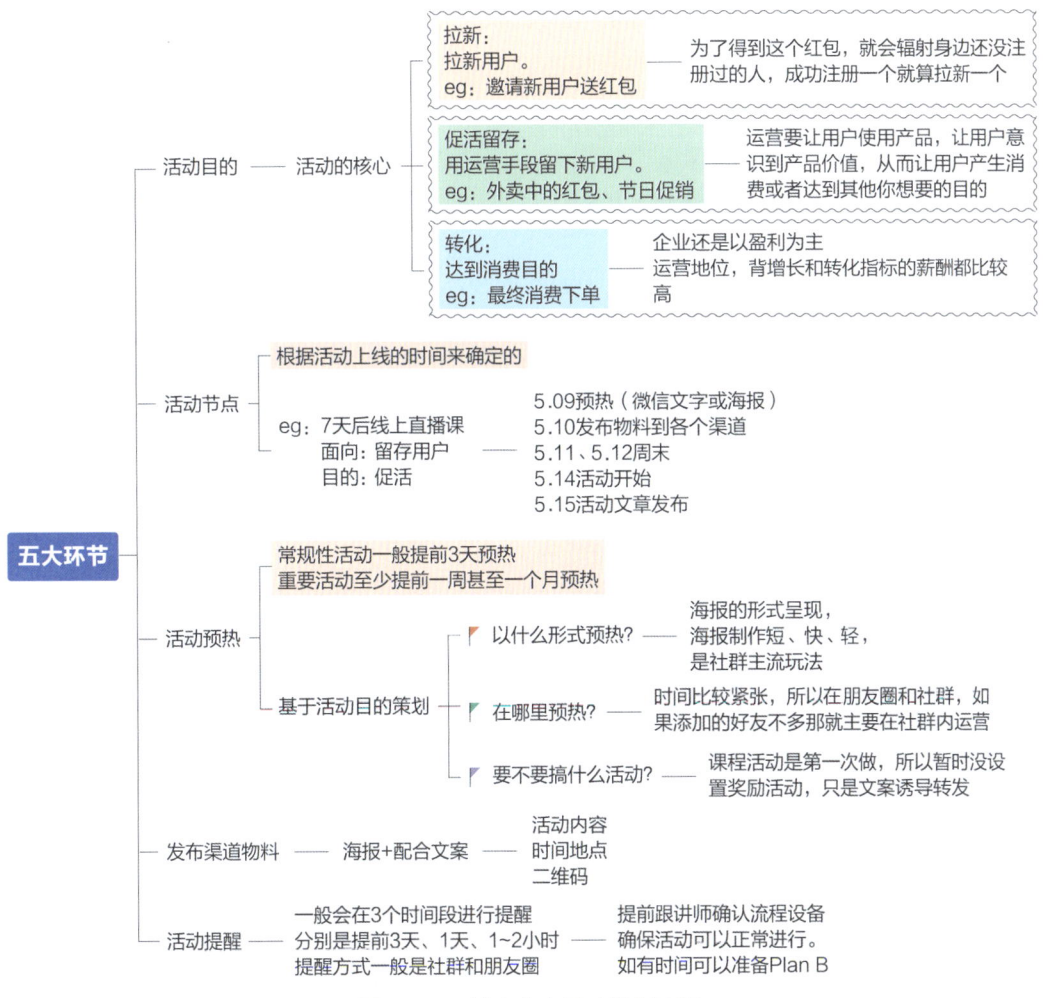

图 3-21 线上分享活动策划流程

任务实施

王爱国的百果千汇微信活动群获取了第一批种子用户,他准备在百果千汇活动群开展一系列的线上线下社群活动,加强引流,同时增进跟用户之间的交流。接下来要开展一场高质量的线上分享活动。请结合本任务背景和"阅读资料"完成以下任务:

1. 任务目标

尝试策划一次线上分享活动。

2. 任务载体

微信群、裂变海报、公众号配置、小奖品、活动二维码、群机器人等工具。

3. 任务操作

策划线上分享活动,完成表 3-8、表 3-9、表 3-10 的填写。

87

表 3-8　百果千汇微信群分享活动策划总体描述

百果千汇微信群分享活动策划	
活动目标	
活动主题	
活动时间	
活动内容	
活动玩法	

表 3-9　百果千汇微信群分享活动具体项目实施安排

项目	项目步骤	负责人	执行情况
确定活动方案	调研用户，确定用户需求	AMY	DONE（2.7）
	确定群分享方案		
风险预案	评估方案风险		
	制订 Plan B		
活动准备	宣传海报/文案提炼		
	分享嘉宾邀请		
	软文撰写		
	宣传海报设计		
	渠道选择		
	相关人员对接		
	设计活动礼品		
社群（平台）设置	社群内话术设置		
	群机器人设置		
渠道分发	官方公众号		
	已有社群（微信群）		
活动执行	活动预告		
	活动引流		
	数据分析（统计用户参与量）		
	用户反馈跟踪		
活动复盘	汇总活动期间总数据		
	分析活动亮点不足，优化方案		

表 3-10　百果千汇微信群分享活动实施

环　节	准备要素	执　行
①提前准备	嘉宾预约	
	内容质量沟通与审核	
②反复通知	确定分享时间	
	群预告文案及发布	
	分享通知时间段	
③强调规则	分享规则设计	
	规则提示话术	
	小助手分工	
④提前暖场	暖场话术	
	话题诱导	
⑤介绍嘉宾	介绍嘉宾资历、头衔、作品等	
	分享嘉宾照片或海报	
	分享嘉宾代表性文章或相关作品链接	
⑥诱导互动	热场话术	
	热场人员安排	
⑦随时控场	私聊提醒或警告话术	
	禁言或踢人话术	
⑧收尾总结	本次分享总结	
	朋友圈、微博诱导扩散	
⑨福利分发	福利准备	
	福利活动设计	
⑩打造品牌	将本次分享整理成文字或音频	
	相应平台扩散和传播	
	分享活动系列化，分享下次预告	

> **阅读资料**

"秋叶PPT互动"：如何策划一场高质量的群分享活动？

社群分享是提高群活跃度最有效的方式，一次成功的分享，需要考虑以下10个环节：

1. 提前准备

专业知识或经验分享模式要邀约分享者，并要求分享者就话题准备素材（特别是对于没有经验的分享者，检查他分享的内容质量是必要的），特别要强调分享者应该分享对大家有启发的内容，而不是借着分享做自己的广告。

话题分享模式要准备话题，并就话题是否会引发大家讨论进行小范围的评估，也可以让大家提交不同的话题，由话题主持人选择。

2. 反复通知

如果确定了分享的时间，就应该提前在群里多发布几次消息，提醒群员按时参加，以免很多人因为工作而选择屏蔽消息，错过活动通知。例如，我们确定是周五20:00分享，就应该从周三开始提前在群里多发布几次消息。

3. 强调规则

如果在群分享前，群中有新朋友进入，由于他们往往不清楚分享的规则，会在不合适的时机插话，影响嘉宾的分享，因此在每次分享开场前都需要提示。如果是QQ群，可以在分享规则时临时禁言，避免规则提示被很快刷掉。小助手们要做好分工，分配好各自的任务，各司其职。

4. 提前暖场

在正式分享前，应该提前打开群禁言，或者主动在微信群说一些轻松的话题，引导大家上线，营造交流的氛围。一般一个群在线的人越多，消息滚动得就越快。

5. 介绍嘉宾

在分享者出场前，需要一个主持人引导，介绍分享者的专长或资历，让大家进入正式倾听的状态。

6. 诱导互动

不管是哪种分享模式，都有可能出现冷场的情况，因此分享者或话题主持人要提前设置互动诱导点，而且要有耐心等待别人敲字，因为很多人是手机在线，打字不会太快。为避免冷场，需要提前安排几个人热场。很多时候需要有人开场带动气氛。

7. 随时控场

若是在分享的过程中有人干扰，或者提出与主题无关的内容，这个时候需要主持人私聊提醒，引导这些人服从分享秩序。如果是QQ群，直接以小窗沟通就很方便，必要时还可以直接用禁言的方式强制控场。但如果是微信群，必须先加好友才能沟通，要麻烦很多。如果直接在微信群里提醒，又会干扰嘉宾发言，因此很多时候选择QQ群进行管理会更方便。

8. 收尾总结

分享结束后，要引导大家就分享做一个总结，甚至鼓励他们去微博、微信朋友圈分享自己的心得体会。这种分享是互联网社群运营的关键，也是口碑扩散的关键。

9. 提供福利

在分享结束后，如果对总结出彩的朋友、用心参与的朋友赠送各种小福利，就更会吸引大家参与下一次分享。

10. 打造品牌

分享的内容进行整理后，可以通过微博、微信公众号等新媒体平台发布、传播。很多社群做在线分享，但是没有打造分享的品牌，这些活动就没有形成势能，也没有考虑把品牌活动的势能聚合到可以分享的平台上，这就造成了口碑的流失，导致社群品牌积累的流失。

思考与练习

1. 请为某美食分享群策划一次线上社群引流活动，并撰写出具体的活动引流方案。
2. 请为某美食分享群设计社群专属小游戏活动，描述每项游戏活动的具体实施过程。
3. 请用思维导图设计学习型社群的运营人员组织结构。

任务三　线下社群活动策划

学习目标

1. 掌握线下活动的策划流程。
2. 能根据活动目标制订线下活动策划方案。
3. 能制订社群线下活动运营 SOP。

情境引入

王爱国的百果千汇微信活动群获取了第一批种子用户，在开展了一系列的线上活动后，为了延长社群的生命周期，提升社群活跃度，他准备通过线下发展社群，那如何策划一次线下社群活动呢？

任务分析

一个社群要想延续生命周期，需要线上和线下的融合。线上活动能够在短时间内吸引大量的用户参与，但从参与体验而言，线上活动缺少了切身体验的感觉。社群的线下发展不但能扩散社群知名度、提升社群的影响力，还能打造社群品牌、深度拓展用户、增强用户黏性。社群成员从线上到线下的互动链接可以完成二次扩散，辐射到更多的人群。社群在打通线上线下之前，必须清楚社群线下发展的预期目标，理清筹备一次线下活动的流程与结构，掌握每个活动时期的执行内容，通过有目标的组织和策划线下的社群见面会、沙龙、社群分享会、线下促销会等活动，进一步提升社群关系的稳固性，让社群体验真正落地。

线下社群活动

一次完整的线下社群活动包括三个阶段：活动筹备、活动执行、活动复盘。如图 3-22 所示。

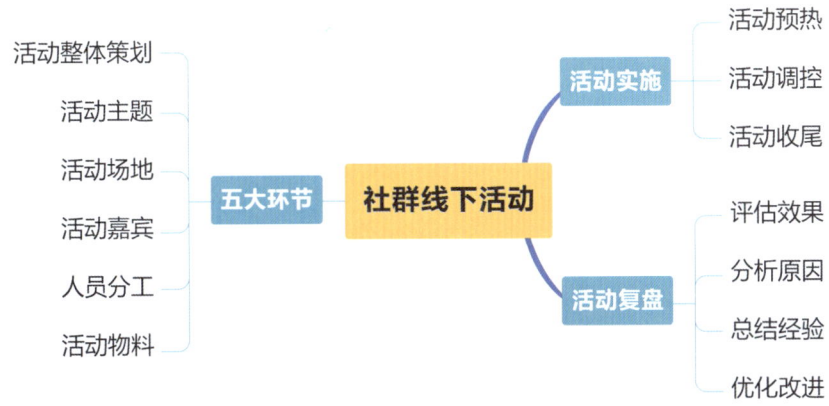

图 3-22 社群线下活动组织三阶段

一、活动筹备

活动筹备阶段主要是做好这几个方面的准备：研讨活动的策划案和活动流程，制订活动策划书，明确活动主题和时间，找到合适的活动场地，确定嘉宾并与嘉宾进行对接，确定物料方案，建立线下的活动群和志愿者群并做好人员分工安排。

1. 制订活动策划方案

一份完整清晰的活动策划方案能够更加全面地把控整场活动，线下活动策划方案应该包括这几个重要部分：

①线下活动策划团队名单。

②人员工作权责与任务分配。

③活动信息：活动主题、活动目的、活动日期、活动地点、参与人员、参与人数、活动嘉宾（如果活动有嘉宾）、活动环节、活动方式与报名方式等。

④重要时间节点的 SOP 安排。

⑤物料、场地、嘉宾安排。

⑥费用说明（如果收费用）。

⑦活动奖品设置（如果有奖品环节）。

⑧合影及后续推广安排。

对线下活动时间、成本和质量的把控，体现了团队的效率和专业性，建议一场小型的线下活动至少要提前三个星期开始准备，大型的线下活动则需要更长的策划准备周期。

活动预算也是活动策划方案最重要的组成部分。对于活动策划者来说，需要将活动费用去向罗列清楚，才能有效控制活动经费的支出。活动策划者需要根据活动类型、活动项目及社群的具体情况来制订合理的活动整体预算表，如表 3-11 所示。

表 3-11 活动预算

活动主题		新品发布推广	
用途	支出项目	单价 * 数量	总价（元）
前期推广	电视广告投放	45 000 元 / 天 *7 天	315 000
	制作传单	1 元 / 张 *1000 张	1 000
	制作邀请卡	2 元 / 张 *200 张	400
场地租借	某酒店大厅	30 000 元 / 天 *1 天	30 000
设备租借	椅子	10 元 / 张 *200 张	2 000
	摄影设备	2 000 元 / 台 *3 台	6 000
	投影	3 000 元 / 个 *1 个	3 000
	音响话筒	500 元 / 套 *4 套	2 000
活动节目	礼仪小姐走秀	500 元 / 人 *10 人	5 000
	专业串场节目	2 000 元 / 个 *3 个	6 000
雇佣临时工作人员	摄影师	300 元 / 人 *3 人	900
	主持人	500 元 / 人 *1 人	500
	嘉宾邀请	2 000 元 / 人 *2 人	4 000
	保安	100 元 / 人 *10 人	1 000
	场地布置人员	200 元 / 人 *10 人	2 000
餐饮	就餐费用	400 元 / 桌 *20 桌	8 000
	酒水	100 元 / 桌 *20 桌	2 000
	水果、零食	100 元 / 桌 *20 桌	2 000
礼品发放	抽奖奖品	一等奖：300 元 / 个 *2 个 二等奖：200 元 / 个 *4 个 三等奖：100 元 / 个 *6 个	2 000
	互动小礼品	30 份 *20 元	600
总计			394 200

2. 确定活动嘉宾

社群想要做强做大，一定要跟各种名人合作，为社群活动带来更多有活力、有质量的分享和关注。以美食分享型社群活动为例，活动现场都会邀请 2～3 位分享嘉宾，分享相应领域的技能干货。活动嘉宾来源渠道主要有：社群成员、领域大 V、合作伙伴。

（1）社群成员：根据活动主题，邀请社群里愿意公开表达、积极的成员，且成员在该领域有成功的案例经验。很多线下活动，经常会把社群的负责人作为首批分享嘉宾，进一步增加其与社群成员之间的熟悉度。

（2）领域大 V：在互联网时代，联系大咖、达人相对来说比以前容易。如果经常参加一些线下活动，可以了解到其他活动的分享嘉宾，建立联系，方便直接邀请的可以电话、微信沟通。也可以关注大 V 的微博、微信，再通过微博私信、微信公众号后台留言等方式进行邀请。

（3）合作伙伴：在社群业务合作伙伴中，若有符合活动主题的分享人，可以邀请过来，不仅解决分享问题，还可以借此置换一些活动资源。

3．寻找活动场地

场地费用往往是开展线下活动中支出相对较大的一部分，除了建立自己的场地资料库，拥有正确的寻找场地的思路也很重要。

考虑活动预算，首先可以先找熟人比如同事、朋友、合作伙伴们询问，有没有合适的免费场地；其次，在网站搜索公益活动发布情况，如图 3-23、图 3-24 所示，通过查看公益活动的举办场地，去搜索该场地是否有公众号，再实地考察。根据场地大小、设备等实地情况，与场地方沟通协商合作形式。考察场地要注意：

（1）环境位置：位置是否便捷，场地环境是否与活动主题相符。

（2）场地设备：是否有投影设备、声音播放设备、麦克风等。

（3）场地费用：价格多少？能否申请到免费的场地资源？场地费用是否符合预算标准？

（4）场地信息：确定场地后，拍摄现场照片、提供附近路况和交通信息等。

场地确定后，要制作好场地信息表，提前做好引导牌，让参与活动的人能够迅速找到场地地址。

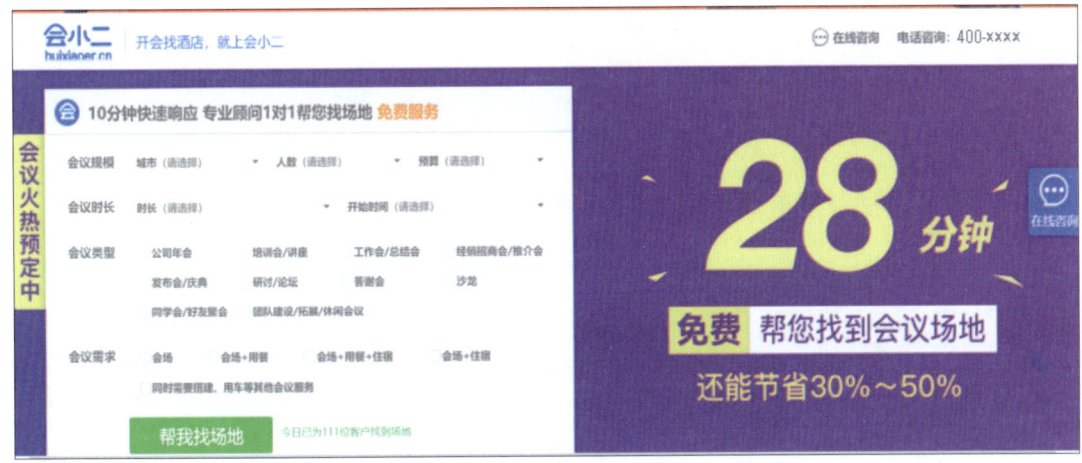

图 3-23　会小二

农产品社群营销

图 3-24　深圳活动网

4．线下活动人员分工

由于社群类型不同，线下活动的内容也不同，相对应的团队分工也会有区别。表 3-12 是产品型社群线下活动项目的人员分工表，在进行人员分工时，要明确分项目的负责人，根据具体情况增加或减少相应职责，一人可身兼多职。

表 3-12　项目组分工

项目基本情况					
项目名称	×××社群线下活动运营		项目编号		
项目负责人			制作日期		
项目组成员					
成员姓名	项目角色	所在部门	职责	具体内容	
Amy	项目核心成员	外联组	场地管理、邀约嘉宾	联系并确认活动场地；邀请嘉宾，确定嘉宾分享主题与时间，确定嘉宾分享文稿与 PPT 等	
Lily	项目核心成员	活动支持组	引导签到、PPT 播放	引导人员入场，发放入场前的物料；负责现场设备，与主持和嘉宾沟通播放要求	
Sam	摄影师	活动支持组	现场摄影	录制活动过程；负责活动结束后的合影	
Mark	主持人	活动支持组	现场支持	介绍活动主办方、活动主题与嘉宾；掌控活动流程；活跃现场氛围	
William	项目核心成员	线上工作组	群管理	接待活动参与人员（答疑、告知时间、地点等）；收集群成员意见并反馈	
James	项目核心成员	线上工作组	活动统筹	负责线下活动的开展；开拓资源；制订活动方案；统筹安排活动	
Martin	项目核心成员	线上工作组	复盘总结	整理参与人员、嘉宾的反馈；开展整场活动的复盘；优化活动方案；输出复盘报告	
Bill	项目核心成员	线上工作组	推广	在微信公众号、微博等平台进行活动宣传；活动结束后的微博、微信等新媒体二次传播分享	

5. 活动物料筹备

物料的筹备要适时、适量、适价、适质地满足线下活动的需要，减少损耗，发挥物料的最大效率。活动物料一般来说包括活动宣传物料和活动现场物料两部分，如图 3-25 所示。

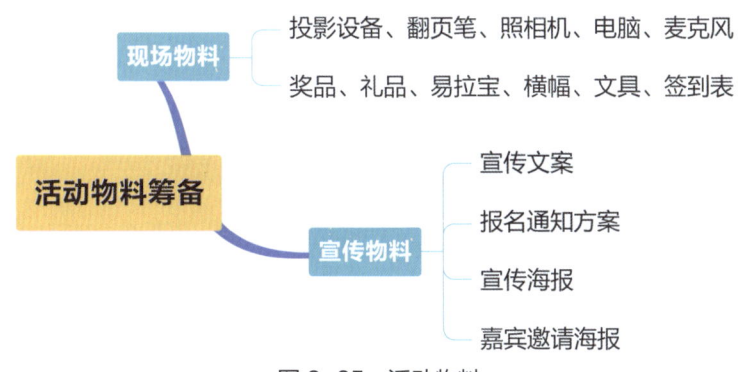

图 3-25　活动物料

二、活动执行

活动正式执行时，可分为三个阶段完成：活动预热、活动调控、活动收尾。

1. 活动预热

将筹备期准备的宣传物料，在内部自有社群里进行通知，邀请成员报名。这个期间也每天积极在社群中分享活动报名进展，嘉宾分享干货提炼等内容，邀请社群里积极成员做活动互动，营造活动氛围。

2. 活动调控

在活动进行过程中，活动策划者并非高枕无忧，活动策划者的工作应当贯穿整个活动始终，根据活动流程表，关注或参与现场活动工作。

（1）活动流程表。活动流程表是在活动筹备期间就制作完成的，但在进行活动时还需要再次确认现场工作人员是否了解活动流程。一些大型的线下互动，甚至会在活动开始前进行数次彩排预演来确保活动流程的顺畅无误，如表 3-13 所示。

表 3-13　美食生活圈社群线下活动流程

序号	时间	环节	活动内容	负责人	跟进内容
1	1：30—2：00	签到	打卡签到，领取游戏编号	Amy	打印报名表和游戏编号
2	2：00—2：20	主持人开场	自我介绍；介绍本次活动的主题及嘉宾，介绍美食达人生活圈社群的发展规划	Bill	准备并介绍 PPT 资料；准备好主持稿
3	2：20—2：40	嘉宾分享	分享主题：如何挑选高品质的食材；嘉宾问答	Lily	提醒嘉宾把控好时间；提前与嘉宾核对现场问答题目

(续表)

序号	时间	环节	活动内容	负责人	跟进内容
4	2:40—2:55	抽奖活动	线上红包雨热场，并现场抽取一等奖、二等奖、三等奖	大熊	准备好预热方式；提前准备好奖品；现场摆放好奖品
5	2:55—3:05	总结发言	活动总结	Bill	准备好发言先后顺序和时间设置
6	3:05—3:15	合影留念	大合影，社群成员相互合影	Sam	照相机、手机准备

（2）注意事项。活动调控要做好以下几个方面：

①招募活动当天志愿者、与活动主持人对接活动流程、线上会议跟进工作进度和未完成事项、整理活动物料，确保物料准备齐全。

②确认通知方式、会员和嘉宾活动注意事项通知和邀请函发送结果、会场布置和设备调试。这些都准备妥当后，就可以从容地开展第一次线下活动了。

③策划方案做好后，需要把活动当天的整个流程梳理成跟踪表，查漏补缺，明确当天活动的时间节点，并列出时间清单。

④确认本次线下活动有哪几个环节？每个环节是否已经责任到人？是否有团队人员联系方式汇总？可以把整个活动当作一个项目，列出项目清单，便于查漏补缺，也便于之后进行复盘。

⑤按照活动流程表执行，要注意控制气氛、时间节奏。

3．活动收尾

活动收尾内容主要有两个部分，一个是迎送工作，另一个是物料回收。如图3-26所示。

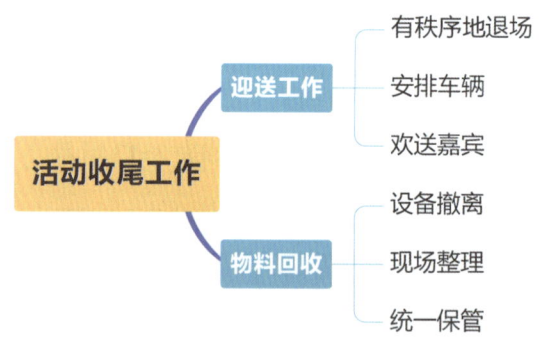

图 3-26　活动收尾

活动结束后应该有专人将嘉宾送到目的地，如果嘉宾留宿，应该有专人负责嘉宾第二天出行接送，避免嘉宾因为疲劳误点，或者人生地不熟误事。活动结束后1～2天内应发一封感谢信给嘉宾，感谢他的到来和支持，并且就讲座现场反馈给嘉宾做一个汇总，也请嘉宾对活动本身提出建议、不满或者希望，以方便日后改进，留下经验。

另外，精选一些现场拍摄的高质量照片做附件给嘉宾留存。一方面，这样做非常具有纪念意义；另一方面，嘉宾或许会在自己的微博或公众号文章中使用照片，这也是重要的形象展示。以上这些接待细节，如果能够让嘉宾感觉舒服，就有机会达成长期的合作。

三、活动复盘

复盘是对活动工作的全面回顾、分析和总结，对工作过程的重新推演，发现整个活动中存在的不足，为下一次活动顺利推进作支撑。如图3-27、表3-14所示。

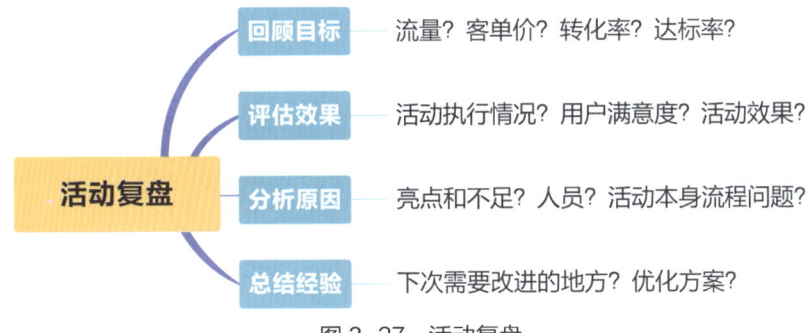

图3-27 活动复盘

表3-14 活动复盘

活动主题		活动时间	
地点		参与者	
活动概况描述			
阶段1	阶段2	阶段3	阶段4
回顾目标	评估结果	分析原因	总结经验
活动策划时目标：	亮点：	成功关键因素：	经验复用：
最终完成目标：	不足：	失败根本原因：	优化方案：

任务实施

王爱国的百果千汇微信活动群获取了第一批种子用户，在开展了一系列线上活动后，为了延长社群的生命周期，提升社群活跃度，他准备通过线下发展社群，那如何策划一次线下社群活动呢？请结合本任务背景和"阅读资料"完成以下任务：

1．任务目标

制订线下社群活动的策划方案。

2．任务载体

微信群、裂变海报、公众号配置、小奖品、活动二维码、群机器人工具。

3．实施步骤

①明确主题、策划活动内容，填写表3-15。

表 3-15　社群线下活动基本信息

活动主题	
活动目的	
活动时间	
活动地点	
活动对象	
参与方式	
成本预估	
推广渠道	
活动规则	

②制订活动运营团队工作表，明确人员职责分工，如表 3-16 所示，填写表 3-17。

表 3-16　社群人员分工

流程阶段	项目角色→ 工作内容↓		运营	BD	设计	文案	客服	行政
活动管理	人员邀请	人员统计	√	√				
		行业分析	√	√				
		嘉宾邀请	√	√				
	日常管理	群制度	√	√			√	
		日常维护	√	√			√	
		广告清理	√	√			√	
		话题引导	√	√			√	
	线下活动	活动主题	√	√	√	√	√	√
		活动策划	√	√	√	√	√	√
		费用预算	√	√			√	√
		人员邀请	√	√			√	√
		活动组织	√	√			√	√
	内容管理	主题选定	√	√		√	√	
		主题汇总	√	√		√	√	
		聊天记录	√	√		√	√	
		文字编辑	√	√		√	√	
		再发布	√	√		√	√	

表 3-17 项目组分工

项目基本情况				
项目名称			项目编号	
项目负责人			制作日期	
项目组成员				
成员姓名	项目角色	所在部门	职责	具体内容

③制订线下活动预算方案，填写表 3-18。

表 3-18 活动预算

预算内容	支出项目	单价＊数量	总价（元）
总计			

④制订活动物料方案，制作宣传海报和嘉宾邀请海报，准备现场物料，填写表 3-19。

表 3-19 活动物料清单

类　　别	事　　项	具体内容
宣传物料	宣传文案	
	活动报名通知文案	
	宣传海报	
	嘉宾邀请海报	

（续表）

类　别	事　项	具体内容
现场物料	现场网络	
	投影设备、麦克风	
	电源插座、照相机	
	易拉宝、横幅	
	茶点零食	
	签到表	
	嘉宾PPT	
	礼品	

⑤设计活动互动方案，确定线下活动运营流程，如表3-20所示，制订线下活动流程表，如表3-21所示。

表3-20　活动互动方案

序　号	活动规划	互动内容（文案）	备　注
1	红包雨	@所有人 欢迎小伙伴加入美食达人生活圈 今天共有三波福利接下来将发放第一波福利——红包雨！ 大家准备好了吗？	
2	现场抽奖	充值1 000元，赠送价值198元保温杯一个，同时获得抽奖1次； 充值1 500元，赠送598元蚕丝被一套，同时获得抽奖2次； 充值2 000元，赠送蚕丝被+保温杯，同时获得抽奖3次	

表3-21　线下活动流程

序　号	时　间	环　节	活动内容	负责人	跟进内容
1	1：30—2：00	签到	打卡签到，领取游戏编号	Amy	打印报名表和游戏编号

⑥活动结束后，做好清场收尾工作，制订活动复盘方案，完成表3-22。

表3-22 活动复盘

活动主题		活动时间	
地点		参与者	
活动概况描述			
阶段1	阶段2	阶段3	阶段4
回顾目标	评估结果	分析原因	总结经验
活动策划时目标：	亮点：	成功关键因素：	经验复用：
最终完成目标：	不足：	失败根本原因：	优化方案：

某教育机构的线下活动策划思路

一、目标人群

教育培训机构市场营销人员、招生负责人、运营人员等。

二、解决问题

在没有配备活动策划人员的条件下，教育培训机构如何策划一场有效的线下招生宣传活动？

三、实现目标

教育培训机构实现线下招生活动标准化流程，在没有配备策划人员的情况下可以提出一个完整且可实施的策划方案。

（1）活动主题：明确活动主题，活动主题是一个活动的主旨所在，可以分为主标题和副标题，主标题可以从大方面侧面贴合活动，副标题则需要点出活动。例如，教育联盟活动主标题为"少年强则国强"，副标题为"李沧首届感恩教育节"。

（2）活动时间：考虑目标用户时间是否方便，教育机构招生时间是否吻合。例如，是否是暑假招生或者开学季及秋招，是否是周末。

（3）活动地点：需要考虑机构地址，与机构地址的距离不宜过远，最好选择在1千米以内，如果活动主题中有位置信息，则需要保持一致。

（4）活动对象：根据教育机构的课程服务年龄层，确定目标学员，进而确认目标用户群体及潜在用户。

（5）活动描述：点明活动形式、活动亮点、活动礼品、活动优惠力度等，吸引用户、打动用户。

（6）参与方式：线上预报名缴付定金+线下补交尾款，线下现场领奖品，包括抽奖奖品、集赞奖品等。通过线上预报名的用户线上直接采集用户信息，线下同样采集用户信息，双重保障用户数据信息留存。

（7）活动规则：活动参与规则制订、报名截止时间、线下活动开启时间、活动咨询方式等相关注意事项说明，利用课程详情页面进行详细说明。

（8）推广渠道：线上线下推广时间、线上推广渠道选定、地推位置选择等。

（9）预期效果：也可以叫预期目标，每一场活动有目标才有动力，并有助于后续的复盘，对教育机构来说活动目标就是招生人数、引流人数、用户数据。

（10）成本预估：包括宣传物料印刷费用、推广人员兼职费用、分销费用、抽奖礼品费用、集赞奖品费用、场地费用等。

四、制订活动进度表

方案策划确定后，则需要进入执行阶段。在活动开启之前，需要召集本次活动的所有参与方及工作人员召开一个活动启动会，明确活动整体流程，梳理活动各个节点及环节中每个人负责的内容，合理分配各项工作，活动总负责人根据推进时间表跟进完成情况。如果是教育联盟活动，则需要将每家机构的负责人召集在一起开一个启动会，保证每家机构明确活动形式、流程、任务、目标，从而确保机构内部对活动宣传的力度及配合度。

五、确定活动场地

根据活动需要选择场地，过程中需要考虑交通是否便利、容纳人数为多少、是否需要搭建舞台（关系到后续物料准备）、如果搭建舞台则背景墙长宽高各是多少、桌椅板凳需要准备多少、展架及指示牌的摆放等一系列问题。

六、活动物料设计

活动方案确认后，需要进行相关设计工作，包括宣传物料（展架、易拉宝、背景墙、宣传单页、指示牌、桌牌等）设计、线上活动展示页面设计、线上宣传海报设计、奖品展示设计等，保持与技术及活动负责人的随时沟通，确保页面按期制作并上线。

活动中所有用到的物料主题风格需要统一，包括色调搭配、图案等，且需要注意整体色调的显眼性。

七、制订活动执行方案和应急方案

结合活动方案的活动流程，将审核、签到、主持、摄影、道具、互动等各项工作人员一一分配并将分配方案制作成一份落地执行方案。

线下活动开启前一天，召集所有人员开动员会，下发执行方案，让每一个人明确自己当天的工作安排，确保每一个人都清楚自己当天应该做什么工作。在制订活动方案时要做好应急预案的准备，设想可能出现的情况，并想好解决方案，保证活动现场流程能够顺利进行下去。

八、活动现场执行

活动场地布置：至少在前一天晚上布置完成。

现场执行：在活动开始前1~2个小时，所有执行人员需到场查看前一天未完善的现场细节，准备好相关物料及奖品，做好准备工作，各工作人员到相应位置等待用户入场。

活动总负责人与主持人再次核对活动流程，主持人熟悉串词，负责人与摄影摄像沟通相关视频及照片的拍摄需求。活动现场可能会因不定性因素而流程有变，此时需要活动负责人及时与主持人进行沟通，告知主持人流程变更，以便主持人及时做出调整，避免活动现场冷场情况出现。

活动结束，用户离场，所有执行人员开始对剩余的奖品及物料进行整理盘点，完成清理现场的任务，最后所有执行人员进行统一合照，便于后期的回顾宣传。

九、活动复盘

活动结束后一定要有相关的活动复盘动作，包括活动概述、活动效果统计、活动流程梳理，复盘时看活动流程中是否有活动衔接不畅或者环节遗漏问题，思考优化方案，总结所有存在问题及应对措施是否到位，想好下次应对策略并做好记录。

⭐ 思考与练习

1. 请为某美食分享群策划一次线下社群活动的互动方案。
2. 请用思维导图为某美食分享群设计线下活动的运营流程。
3. 一份完整的线下活动策划方案应该包含哪几个部分？

项目四 社群内容营销

江小白是重庆江小白酒业有限公司旗下江记酒庄于2012年生产的自然发酵并蒸馏的高粱酒,其品牌理念"我是江小白,生活很简单",如图4-1所示,已形成具备一定自传播能力的文化IP,并持续推动中国传统美酒佳酿品牌的时尚化和国际化。

江小白也算是白酒圈的新起之秀,虽比不上茅台、五粮液等老品牌,但也是名气响当当、潜力无限。自出生那刻起,江小白走的就不是一条寻常路,可谓与传统白酒泾渭分明。

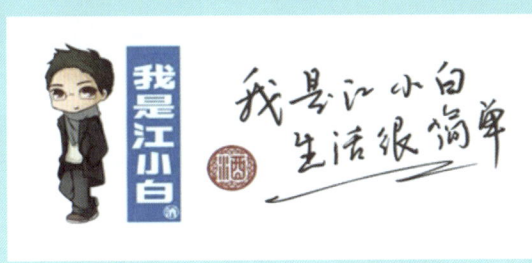 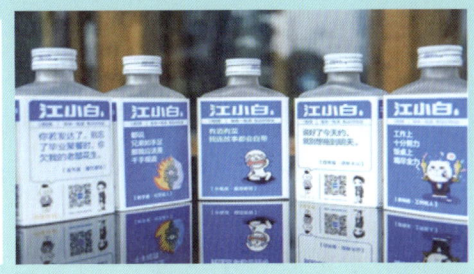

图4-1 "江小白"品牌

众所周知,传统白酒的消费群体以20世纪80年代之前出生的年长者为主,因为通常是上了年纪的人才能喝出白酒的滋味儿来,而江小白的目标用户是"80后""90后"的年轻人。

江小白的成功,很大程度得益于其独特的内容。所有人的印象都是内容写得很扎心,酒没喝,文字已到心坎里了。

此外,江小白突破传统的营销手段,利用公众号、抖音等新媒体内容互动作为线上营销的利器,同时组织线下活动。江小白善于制造出能够引发粉丝主动转发的传播点,通过线上线下互动来增强粉丝的黏性及品牌知名度,极大地促进了江小白的销量。江小白懂得审时度势,在品牌价值、用户定位、传播手段等多个方面进行创新,独具一格,并充分利用社群来营销,迎合了"80后""90后"的需求,跟上了当前"内容为王"的时代步伐。

农产品社群营销

任务一　社群内容创作

🚩 学习目标

1. 了解社群内容的含义、作用和种类。
2. 能够结合实际的品类和要点撰写社群内容。
3. 能够根据社群内容的检验标准，检验社群内容的有效性。

📷 情境引入

　　陈秀华来自梅州市丰顺县汤坑镇某村的一个农村，与丈夫在深圳开了一家名为"梅州农特产店"的土产店，专供从老家当地当季新鲜出产的梅州客家土产，包括县金柚、平远脐橙、牛肉丸、青橄榄、炸芋、梅干菜、盐焗鸡、盐焗鸡爪、八香香茶、五华茶叶、梅州掩面、八乡山番薯、益塘荔枝。自从2010年做了宝妈后，秀华更加注意饮食，从不点外卖，都是让丈夫从店里拿土产在家煮饭。秀华发现，现在城里人的生活条件好了，更加注重养生和饮食健康，却越来越难吃到正宗的绿色食品了。

　　秀华灵机一动，为何不基于社区建立一个线上社群，并在群里介绍梅州的特产并引导社群客户持续在线下单呢？这样不仅可以让客户快速了解到当季正宗土产，同时也可以减轻一下丈夫的压力啊！看完江小白以独特社群内容的成功案例，秀华深知社群内容的重要性。可是如何创作有效的社群内容呢？

🖱 任务分析

　　社群内容的种类有很多，都是围绕产品及其生产环境展开的。首先，确定需要创作哪些类型的内容；其次，基于要创作的内容展开深入的调查；再次，根据调查的素材并结合社群受众的特点撰写内容；最后，通过社群的活跃度、点击率或者效率来检验社群内容的有效性。

社群内容

一、社群内容的含义

什么是内容？内容的文字解释是："内容是事物所包含的实质性事物，是物件里面所包容的东西；是事物内容所含的实质或意义；是哲学名词，即事物内在因素的综合。反义词是形式、实质。"在社群电商的时代，在社交媒体上传播，用来介绍社群、商品，能引起社群产生点击、阅读、互动、购买及反馈等行为，并以文字、符号、图片、链接、音频或视频等形式出现的信息，就是社群内容。

二、社群内容的作用

（一）积极作用

1. 社群内容是召集社群的号角

优质的社群内容能有效吸引和沉淀目标人群进入社群，并且让进来的人群期待看到更多有价值的社群内容。

2. 社群内容是有序发展社群活动的指南针

进来社群的人，可以在优质社群内容的引导下，和社群的其他人互动，甚至会邀请自己身边的熟人进入社群，使社群热闹起来并且朝着健康向上的方向发展。

3. 社群内容是商品销售的催化剂

优质的社群内容可以有效促进社群成员对商品产生需求和购买欲，促进越来越多的社群成员购买商品，并能在社群内形成良好的口碑。

（二）负面影响

1. 社群吸引力弱，黏性小，流失率大

用户对劣质、价值低的社群内容会偏向排斥的心理，例如看到垃圾短信容易产生消极或厌恶情绪，因此容易出现社群新用户增长数低及流失数大的问题。

2. 社群活跃度低或活动杂乱无章

劣质的社群内容会产生两种极端效应，一是社群的人会持续"潜水"沉默，二是会跟风起哄说一些和社群主题无关的话题。

3. 秩序杂乱

社群的杂乱秩序会阻碍商品的销售，让商品销售难以推进，无法产生商品推广的效果。

社群内容贯穿社群活动的始终，直接影响到社群活动的效果，因此要精心创作社群成员喜闻乐见的优质内容及避免劣质内容的流入和扩散，从而打造一个有品质有温度的社群。

三、社群内容的种类和话术

社群内容的种类有4种，分别是商品内容、活动内容、互动内容和短标题内容，其细分内容项如表4-1所示。

表 4-1 社群内容种类一览

序号	一级类目	二级类目	三级类目
1	商品内容	商家介绍信	社群介绍
			厂商介绍
		商品知识	产地介绍
			生产工艺
			商品属性
			卖点
			使用方法
			品牌文化
		用户体验信息	客户体验信息
			KOL 体验信息
2	活动内容	销售活动	售前活动
			售中活动
			售后活动
		会员活动	地推活动
			线下聚会活动
			基地考察活动
		公益活动	社群内公益活动
			社群外公益活动
3	互动内容	互动内容	进群欢迎
			游戏互动
			故事分享
			疑难解答
4	短标题内容		承上启下标题
			预告标题
			悬念式标题

（一）商品内容

商品内容包括商家介绍信、商品知识和用户体验信息。

1. 商家介绍信

商家介绍信包括两个部分的介绍，分别是社群介绍和厂商介绍。

（1）社群介绍的内容要点需要包括以下内容：

社群名称：搭建社群时起的社群主题。目前常见的社群名称一般可套用以下公式。

社群名称=（表情符号）+个人昵称/品牌名称+品类/产地+汇/福利群/分享群+（几点开始某活动），如牛哥（个人昵称）/蜀农（品牌词）+潮汕特产（产地）福利群

值得注意的是，在不同的载体，社群名称命名可以有所不同。

社群性质：社群用户初来乍到，难免会一头雾水，因此要不断地给新进群的用户介绍这个社群主要是做什么的，主营类目是什么，有什么功能或福利等。

社群理念：旨在告诉社群用户社群主张的价值观和思维方式等。

社群宗旨：告诉社群用户大家共同期待的社群是怎样的，并且呼吁大家一起为之付诸行动和努力。

社群Logo：作为内容载体上的头像，增强群友对品牌印象，同时，可注册成商标保护自身知识产权加以维权。

（2）厂家介绍的内容要点需要包含以下内容：

厂家性质：主要介绍厂家的主营类目和风格特点，告诉社群用户厂家是做什么的。

厂家优势：介绍厂家的优点。

2. 商品知识

商品知识主要围绕商品的产地介绍、商品属性、生产工艺、品牌文化故事、功效或卖点及使用方法等展开全面描述，使消费者对商品有全方位的了解，有利于消除消费者对商品的疑虑，这是产生信任的关键因素。

产地介绍：主要介绍商品出自哪个地方，也可接着介绍产地的特点。

商品属性：是商品参数，一般包括商品品名、产地、毛重、净重、生产日期、保质期和储存条件等。

生产工艺：详细介绍商品的生产流程、生产加工步骤、加工技术等。

品牌文化故事：介绍该商品品牌的由来或背后的故事，相关资料说道："通俗一点说，好比民间神话人物的雕塑，实体商品相比于雕塑本身，而品牌文化相比于神话故事中那些被人津津乐道的性格……优秀的品牌文化可以赋予品牌强大的生命力和非凡的扩张能力，充分利用品牌的美誉度和知名度进行品牌延伸，进一步提高品牌的号召力和竞争力。"

使用方法：介绍商品正确的操作方式，以免消费者操作不当造成商品的功能不能最佳发挥，也可形成系统化的使用说明书或操作指示图。

商品卖点：产品所具有的特性和优点，既是销售人员用来阐述的，也是能直戳消费者需求的，是影响客户购买行为的最重要的因素，因此要全方位提炼商品独特销售卖点。

可以使用FABE的方法提炼和描述商品卖点。如表4-2所示。

表 4-2　商品卖点提炼

字　　母	代表单词	中文含义	卖点一	卖点二
F	Feature	属性		
A	Advantage	优势		
B	Benefit	好处		
E	Evidence	证据	①可提供下文提及的用户体验信息 ②可提供下文提及的 KOL 体验信息 ③可提供权威报告	

3. 用户体验信息

用户体验信息分为两种，一是客户体验信息，即社群内购买过商品的消费者的评价；二是 KOL 体验信息，即在社群中有一定影响力的专业达人 KOL（Key Opinion Leader）体验测评或知识分享。

（二）活动内容

线上活动内容主要包括 3 个部分，分别是销售活动、会员活动和公益活动。

（1）销售活动包括售前的吸粉活动、抽奖活动、满减活动、秒杀活动、团购接龙活动、促销活动、抽奖活动等，售中的物流进度跟进活动，以及售后的好评邀请和差评处理活动。

（2）会员活动通常是线上线下结合，包括地推活动、线下聚会活动及基地考察活动等。

线下考察活动内容参考：线下考察活动内容的撰写，即线下活动内容脚本文案的撰写。考察内容的撰写离不开与当地人的深入沟通和交流，内容可以包括基地风景介绍、车间和工序介绍、农法内容介绍、生产工艺和使用方法等介绍，介绍人可以是店长自己，也可以是当地人。

（3）公益活动包括社群内、外扶贫济困社会公益活动。

（三）互动内容

互动内容是能够激发社群用户畅所欲言及与群主互动的内容。主要包括进群欢迎、游戏互动、故事分享、疑难解答等。

（四）短标题内容

短标题内容包括承上启下过渡式标题、预告式引出型标题及勾起群友好奇心的悬念式标题。

四、社群内容的检验标准

（一）开头部分需吸引眼球

优质的社群内容的开头部分就能吸引到用户的眼球，并且让用户带着兴趣和耐心把全部内容看完。如果不能在第一眼就吸引用户，那么文末的内容即使再精彩用户也可能不会看到。

（二）有长期的阅读价值

社群的内容有长期的阅读价值才能从根本上解决社群用户流失率的问题，因此需要不断优化社群内容，使社群的内容能够满足社群用户的长期需要并提供长期的阅读价值。

（三）能产生销售效果

不能发挥销售作用的社群内容不是好的内容。因此，可以通过商品的销售数量来衡量内容的好坏，若推广某一商品的某一社群内容不能促成商品的交易，则需要进一步优化原内容。

（四）能增加社群黏性

好的社群内容能有效激发社群的活力及拉近社群用户之间的距离，能有效把用户从沉默逐渐转化到活跃状态，从陌生逐渐转化到熟悉状态，最终打造一个有温度、有情怀的社群。

任务实施

秀华夫妇为在社群有效推广梅州农家土产，将结合前述社群内容一览表、社群内容的检验标准等资料，撰写优质社群内容。夫妇二人首选老家的八乡茶作为商品对象，先着手撰写内容作为其他农产品的内容创作模板。

1. 任务目标

结合梅州农家土产本土特点，完成社群内容种类一览表的内容创作。

2. 任务载体

微信 App。

3. 实施步骤

结合八乡茶特点并根据社群内容一览表逐一撰写内容。

第一步：撰写社群介绍。

①群名，如图 4-2 所示。

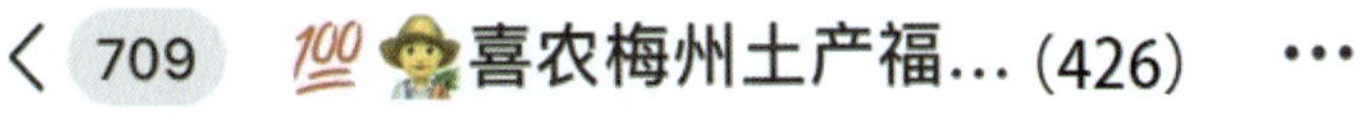

< 709 💯 🧑‍🌾喜农梅州土产福…（426） ···

图 4-2　社群群名

②喜农含义：喜农是一个品牌，也是一个社群平台，致力于让志同道合的朋友欢聚一堂，共同了解绿色、健康、营养的梅州客家土产，探讨梅州客家本土健康饮食知识，品质学习，快乐生活！

③喜农理念：喜农的初衷是公益助农，分享梅州客家田园风光，推广本土农法、吃法及文化故事，让农民欢喜耕耘，让顾客过上绿色生活。

④喜农宗旨：守护健康、返璞归真、反对暴利、以诚待人，在自然中遇见惊喜！

⑤喜农 Logo，如图 4-3 所示。

表4-3　喜农Logo

⑥社群规则：社群规则是社群用户共同遵守的行为规范，能有效营造健康有序的社群环境，抑制不良风气的产生。

为打造友好社群环境，请各位朋友遵守以下群规：

禁止私自加人；

禁止发垃圾广告；

禁止说粗话；

禁止散布谣言；

否则请出本群，感谢大家的配合！

第二步：撰写厂商介绍。

①喜农性质：喜农主营梅州本土特产美食，包括梅县金柚、平远脐橙、牛肉丸、青橄榄、炸芋、梅干菜、盐焗鸡、盐焗鸡爪、八乡香茶、五华茶叶、梅州腌面、八乡山番薯、益塘荔枝等。

②喜农优势：价格实惠、产地直达、口感新鲜、如假包换！

第三步：撰写商品知识。

①产地介绍：八乡山地处丰顺、揭西、五华三县交界处的莲花山脉中段，面积193.62平方千米，平均海拔700多米，年平均气温18.7℃，平均降水量2 604.6毫米，一年四季云雾缭绕，属南亚热带季风性湿润气候区。山坡地土层深厚，表土肥沃，属赤红壤土，自然植被良好，种茶有得天独厚条件。据海阳县志记载，八乡种茶已有400多年悠久历史，因高山浓雾出好茶而闻名。八乡山的茶种在岩层土里，不用施肥，不用喷洒农药，茶树像山中所有植物一样，采集天地之灵气，天然生长，如图4-4所示。云雾茶与一般茶叶不同，泡在杯里格外清，喝到嘴里清凉又醇香，余味无穷。据当地老农说，云雾茶不仅能生津解渴，而且还有祛风寒、解酒之功效。

图 4-4 梅州市丰顺县八乡山茶园风光

②商品属性，如图 4-5 所示。

图 4-5 八乡绿茶的商品属性

③生产工艺，如图4-6所示。

图4-6 八乡茶的制作工艺

④品牌文化故事。八乡山民间还流传着一些关于云雾茶的传说。古时候，当南国茶籽成熟时，一群多情鸟一个个衔了茶籽，穿云层，掠蓝天，准备飞往花果山播种，如图4-7。当它们飞经八乡山上空时，被八乡山的美丽风景所陶醉，情不自禁地唱起清脆的歌，茶籽便撒落在岩隙中了。从此，云雾缭绕的八乡山便长出一片翠绿的茶树。还有一个传说，古时八乡的高山上有块巨大岩石成精了，下到村里危害百姓，惹怒老天爷，被雷公劈成两半，随后人们发现石缝里长出了嫩绿嫩绿的茶树，因此，村民世代种茶。

图4-7 八乡茶的品牌文化故事

⑤使用方法，如图4-8所示。

冲/泡/方/法
专注味觉 更好体验

取玻璃杯，取3~5克茶叶放置杯中，延延杯壁注入90℃开水 | 沿着杯壁冲入1/3的开水，等待20~30秒，激发茶叶香气 | 继续延杯壁冲入2/3的开水，等待3~5分钟 | 等待茶叶充分泡发旋转杯子，充分泡发散发淡淡香气

图 4-8　八乡茶的使用方法

⑥商品卖点，如表 4-3、图 4-9 所示。

表 4-3　八乡云雾茶卖点提炼

字　母	代表单词	中文含义	卖点一	卖点二
F	Feature	属性	嫩芽匀整明亮	浓郁豆香
A	Advantage	优势	耐泡度高	回味甘甜
B	Benefit	好处	让你省钱省心省力	给你带来自然清新口气
E	Evidence	证据	①可提供下文提及的用户体验信息 ②可提供下文提及的 KOL 体验信息 ③可提供权威报告	

图 4-9　八乡茶的卖点

此外，基于八乡茶对人体健康的影响，还可以提炼出八乡茶以下六大卖点。

（1）抗癌。八乡茶有助于预防和抗癌，茶多酚可以阻断亚硝酸铵等多种致癌物质在体内合成，并有直接杀伤癌细胞和提高肌体免疫能力的功效。据有关资料显示，绿茶中的茶多酚，对胃癌、肠癌等多种癌症的预防和辅助治疗，均有裨益。

（2）防辐射。八乡茶有助于预防和治疗辐射伤害，茶多酚及其氧化产物具有吸收放射性物质锶 90 和钴 60 毒害的能力。

（3）降脂助消化。八乡茶中的咖啡碱能提高胃液的分泌量，可以帮助消化，增强分解脂肪的能力。

（4）美容护肤。八乡茶有助于美容护肤。茶多酚是水溶性物质，用它洗脸能清除面部的油腻，收敛毛孔，具有消毒、灭菌、抗皮肤老化，减少日光中的紫外线辐射对皮肤的损伤等功效。

（5）醒脑提神、缓解疲劳。八乡茶有助于醒脑提神，茶叶中的咖啡碱能促使人体中枢神经兴奋，增强大脑皮层的兴奋过程，起到提神益思、清心的作用。对于缓解偏头痛也有一定的功效。绿茶中含强效的抗氧化剂及维生素 C，不但可以清除体内的自由基，还能分泌出对抗紧张压力的荷尔蒙，并具有提神醒脑的效果。

（6）利尿解乏。八乡茶有助于利尿解乏，茶叶中的咖啡碱可刺激肾脏，促使尿液迅速排出体外，提高肾脏的滤出率，减少有害物质在肾脏中滞留时间。咖啡碱还可排除尿液中的过量乳酸，有助于人体尽快消除疲劳。

第四步：撰写用户体验知识，如图 4-10、图 4-11 所示。

图 4-10　客户体验信息

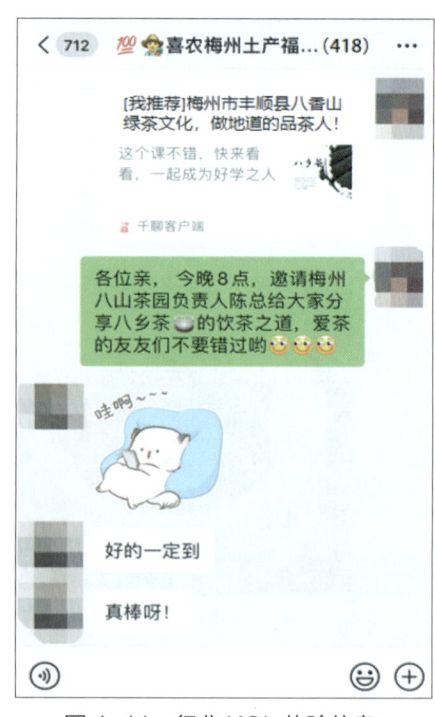

图 4-11　行业 KOL 体验信息

第五步：撰写线上线下活动内容，如表 4-4 所示。

表 4-4　线下活动内容脚本文案

拍摄地点：梅州市丰顺县八乡镇八乡山茶园基地 拍摄时间：2021 年 2 月 6 日星期六 14:00—17:00 参与人员：绿农店长、基地茶农等		
时间段	拍摄内容	内容文案
00:00—00:30	开场白	各位朋友，今天绿农店长来到八乡镇八乡山茶园基地，给大家实地展现八乡山茶的生长加工环境
00:30—01:30	八乡山茶园基地全景	这里空气非常新鲜，大家知道吗？八乡山已经有四百多年的历史，素以高山浓雾出好茶而……
……		

销售活动中，售前线上吸粉活动内容可参考下文。

感恩回馈：

现在邀请好友进群，四重好礼免费送啦！

邀请 3 位好友进群，送青橄榄 1 包！

邀请 6 位好友进群，送梅县金柚 1 只！

邀请 9 位好友进群，送梅州牛肉丸 500 克！

邀请 12 位好友进群，送盐焗鸡爪 2 包！

群人数每增加 50 人，进行一轮抽奖活动，中奖者可指定店内任意一款特产一份！

限 19:00—22:00，送完即止，大家抓紧时间行动哦！

备注：建议奖品内容定位店内产品而不是店外产品，这样中奖的群友可以在中奖的同时，先体验店内产品，以及邀请他们在群里提供品尝评价。

线下活动结束后，将照片、视频等素材整理成推文等进行推送宣传。

第六步：撰写社群互动内容，如图 4-12 所示。

图 4-12 社群互动

第七步：撰写社群标题内容，可参考图 4-13、图 4-14、图 4-15。

图 4-13 呈上启下标题

图 4-14 预告标题

图 4-15 悬念式标题

任务二 社群内容发布

学习目标

1. 了解社群内容的表现形式及其载体。
2. 了解社群内容在公众号的编辑过程。
3. 能够结合社群内容的排序逻辑,在公众号上发布社群内容。

任务引入

经过一个多月的不懈努力,秀华夫妇已经编写好喜农社群所有在售梅县农产的内容资料,听说除了微信群,在微信公众号的社群推广效果也不错,秀华夫妇打算在公众号发布一则推广有关梅州沙田柚的推文,可是该从何着手呢?

任务分析

若要在公众号发布内容,首先,了解自己的资质适合哪种类型的公众号;然后,熟悉公众号的注册流程;最后,灵活使用公众号的编辑工具及其功能操作方法发布社群内容。

社群内容

一、社群内容的表现形式及其载体

社群内容的表现形式,包括文字、表格、图片、表情包、音频(包括语音)、视频、链接等。随着新媒体的兴起,社群内容的生命力显得更为活跃,在国内,社群内容的载体主要包括微信、公众号、微博、贴吧、抖音等。

二、公众号的含义、种类、注册流程

(一)微信公众号的含义

微信公众号是腾讯官方推出的在微信 App 中的一个功能版块,相关资料如此解释:"微信公众号是开发者或商家在微信公众平台上申请的应用账号,该账号与 QQ 账号互通,平台上实现和特定群体的文字、图片、语音、视频的全方位互动。形成了一种主流的线

上线下微信互动营销方式。"

（二）微信公众号的种类

微信公众号分为三种，分别是服务号、订阅号和小程序。社群推广中，个人或个体工商户适合使用微信公众号中的订阅号，而有营业执照的企业适合注册企业服务号。

1. 服务号

为企业和组织提供更强大的业务服务与用户管理功能，主要偏向服务类交互（功能类似12315、114、银行，提供绑定信息）。

适用人群：媒体、企业、政府或其他组织。

群发次数：服务号1个月（按自然月）内可发送4条群发消息。

2. 订阅号

为媒体和个人提供一种新的信息传播方式，主要功能是在微信侧给用户传达资讯（功能类似报纸杂志，提供新闻信息或娱乐趣事）。

适用人群：个人、媒体、企业、政府或其他组织。

群发次数：订阅号（认证用户、非认证用户）1天内可群发1条消息。

3. 小程序

是一种新的开发能力，开发者可以快速地开发一个小程序。小程序可以在微信内被便捷地获取和传播，同时具有出色的使用体验。

（三）公众号注册流程

第一步：点击链接 https://mp.weixin.qq.com/ 进入微信公众号官网，点击网页右上方"立即注册"，如图4-16所示。

图4-16　微信公众号官网

第二步：选择适合个体户注册的公众号类型——订阅号，如图4-17所示。

图 4-17 选择账号类型

第三步:按要求把以下信息填写完整后,勾选"我同意并遵守《微信公众号平台服务协议》",如图 4-18 所示。

图 4-18 填写基本信息

第四步：选择注册地类型为"中国大陆"，如图 4-19 所示。

图 4-19　选择注册地类型

第五步：选择订阅类型为"订阅号"，点击下一步，如图 4-20 所示。

图 4-20　选择订阅类型

第六步：填写完整的注册信息，如图 4-21、图 4-22 所示。

项目四 社群内容营销

图 4-21 填写注册信息

图 4-22 管理员信息登记

第七步：填写完账号名称和功能介绍，点击完成就注册成功啦！如图4-23、图4-24所示。

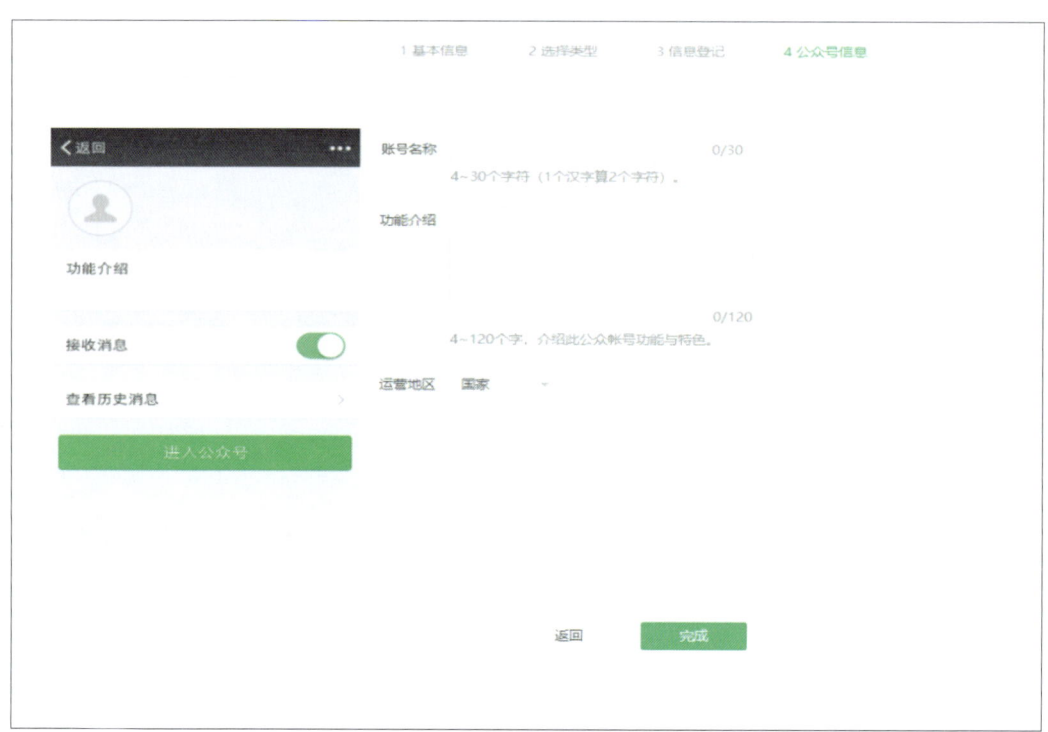

图4-23　填写公众号信息

图4-24　完成注册

第八步：点击账号详情，可以设置公众号头像，如图 4-25 所示。

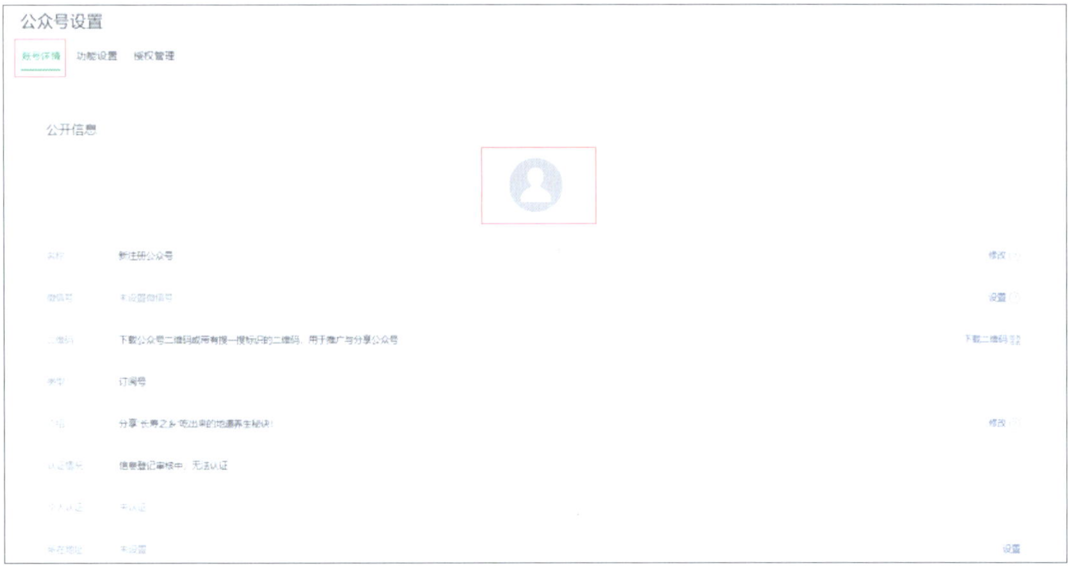

图 4-25　设置头像

三、公众号的编辑工具

公众号的编辑器有很多种，笔者主要介绍 3 种公众号推文编辑器：

1. 135 编辑器

135 编辑器是提子科技（北京）有限公司旗下运营产品，135 编辑器用于微信排版、图文内容排版、邮件排版等场景，同时还提供表单制作、提议征集、报名等运营模块。

135 编辑器链接：https://www.135editor.com/，如图 4-26 所示。

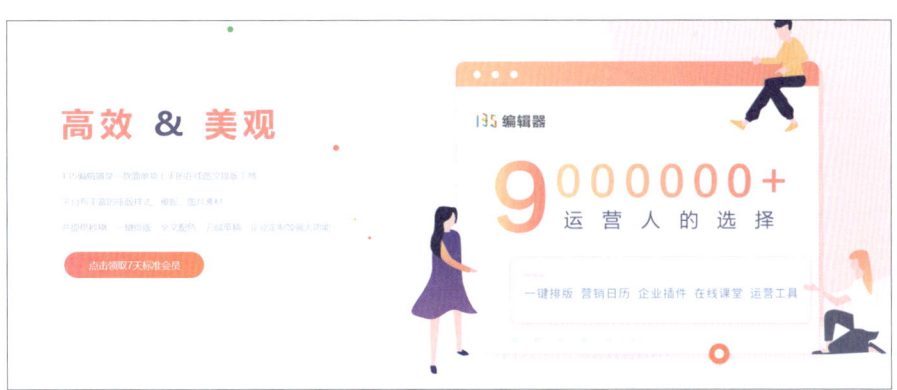

图 4-26　135 编辑器

2. 秀米编辑器

秀米是一款功能强大的微信公众号编辑器，它能提供各种实用文章排版工具及丰富的模板，让用户轻松写出一篇完美的公众号文章，从而吸引更多的粉丝来阅读文章。用户可以在手机端（小程序）或秀米官网使用秀米，如图 4-27 所示。

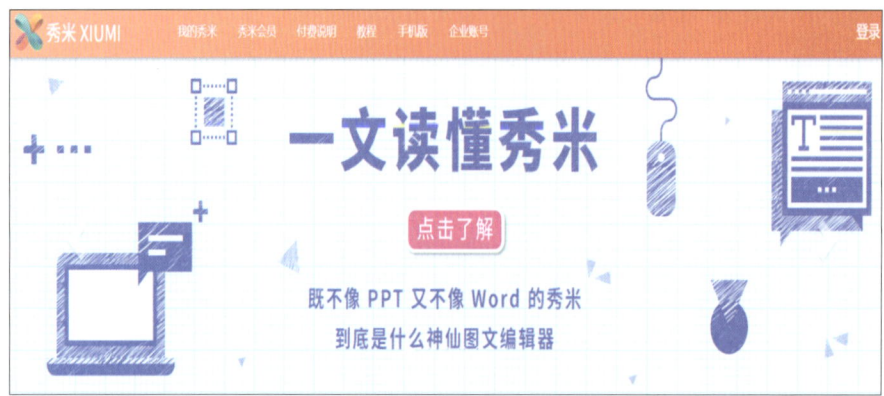

图 4-27　秀米

秀米编辑器链接：https://xiumi.us/#/。

新手小白可以参考秀米官方推出的图文编辑教程，链接：https://a.xiumi.us/stage/v5/2a5va/155995050#/。

3．公众号自带的编辑功能

登录自己的公众号，点击"新的创作"栏目下方的任一创作方式，便可使用公众号自带的编辑功能进行简单的编辑和内容发布，界面如图 4-28 所示。

图 4-28　微信公众号创作界面

秀华夫妇结合上述内容，开始创建喜农公众号并编辑和发布第一篇有关梅州八乡茶的推文。请结合上述知识，完成梅州八乡茶推文的发布。

1．任务目标

根据公众号注册流程创建"喜农"公众号，并在微信公共号发布有关梅州八乡茶的推文。

2．任务载体

微信公众号。

3. 实施步骤

第一步：完成"喜农"微信公众号的注册，如图 4-29 所示。

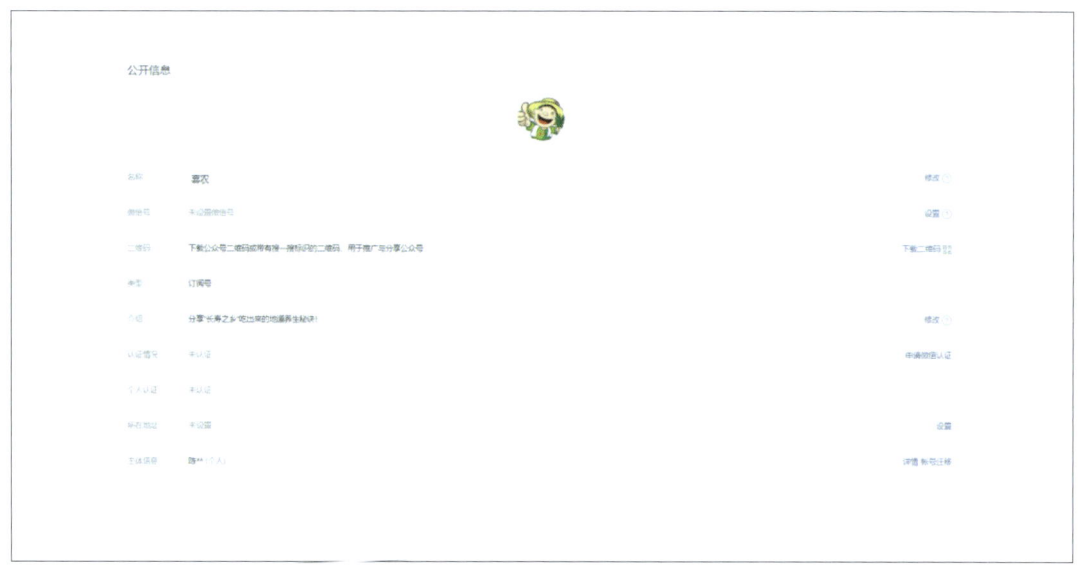

图 4-29　注册"喜农"公众号

第二步：登录微信公众号，点击"新的创作"中的"图文信息"，如图 4-30 所示。

图 4-30　创作图文信息

第三步：结合已经创作好的内容，撰写推文标题，如图 4-31 所示。

图 4-31　撰写推文标题

第四步：点击"保存并群发"，如图 4-32 所示。

图 4-32　保存并群发

第五步：回到首页，点击"群发"，管理员用手机扫码认证后，就可以发布成功了，如图 4-33 所示。

项目四 社群内容营销

图 4-33 群发操作

第六步：进入"喜农"公众号，点开推文，点击手机屏幕右上方"···"，点击"发送给朋友"，就可以把这篇推文发送到微信社群了，如图4-34所示。

图 4-34　推送至微信社群

项目四 社群内容营销

任务三 社群内容传播与转化

学习目标

1. 掌握 AISAS 法则。
2. 了解社区团购的实施步骤。
3. 掌握社区团购的传播与转化流程。

情境引入

秀华在微信群和公众号发布了社群内容推广了多款梅州土产，可是发现社群粉丝增长数和订单量不甚乐观，秀华很纳闷，她是按照模板撰写和发布内容的，问题出在哪里呢？

任务分析

内容发布后，需要确认是否符合 AISAS 法则，否则不能达到效果。其次需要实施相关传播与转化手段，才能达到传播和转化的最大效果。

AISAS 法则与团购

一、AISAS 法则

一个上网的女孩注意（Attention）到了一款看上去不错的护肤品，她一定会带着兴趣（Interest）在搜索引擎上搜索或去自己常逛的消费网上搜一搜（Search），如果她觉得化妆品的详细介绍及社区内评价都不错，一般会选择购买（Action），一段时间后，她也可能会在社区上分享（Share）感受。

这就是著名的 4A 广告公司电通提出的 AISAS 法则。AISAS 由五个英文单词的首字母组成，分别是：Attention——引起注意，Interest——引起兴趣，Search——进行搜索，Action——购买行动，Share——人人分享。

Attention：创意引发受众兴趣、注意力。

133

Interest：创意的互动性让受众产生参与的兴趣。

Search：用户开始思考、搜索、寻找与诉求相关的信息，搜索渠道包括搜索引擎、品牌官网、购物网站，如淘宝、京东、一淘（购物搜索、比价），还有导购媒体等。

Action：在对品牌、诉求有足够了解后，产生互动参与行为、购买行为。

Share：分享产品的消费体验，形成口碑。可以从 share 出发做体验、互动设计，吸引媒体以新闻、事件的方式报道，实现媒体与消费者个人交换传播。

AISAS 模式在社交网络中会得到很好的体现，并且形成闭环：朋友分享（Share）的商品内容会引起用户的注意（Attention），然后激发用户的兴趣（Interest），并且对这个商品进行搜索（Search），最终导致购买行为的产生（Action），购买成功后再分享这个信息给自己的朋友（Share），闭环完成。

二、团购的含义及其实施步骤

团购（Group purchase），意思是团体购物，指认识或不认识的消费者联合起来，增强与商家的谈判能力，以求得最优价格的一种购物方式。根据薄利多销的原理，商家可以给出低于零售价格的团购折扣和单独购买得不到的优质服务。团购作为一种新兴的电子商务模式，通过消费者自行组团、专业团购网站、商家组织团购等形式，提升用户与商家的议价能力，并极大程度地获得商品让利，引起消费者及业内厂商，甚至是资本市场关注。

1. 团购简单版实施步骤

第一步：打开一个微信社群，上划手机界面，点击"+"，点击"接龙"，如图 4-35 所示。

图 4-35 微信接龙

第二步：填写相关信息，点击"发送"，便可在社群进行接龙活动，如图 4-36 所示。

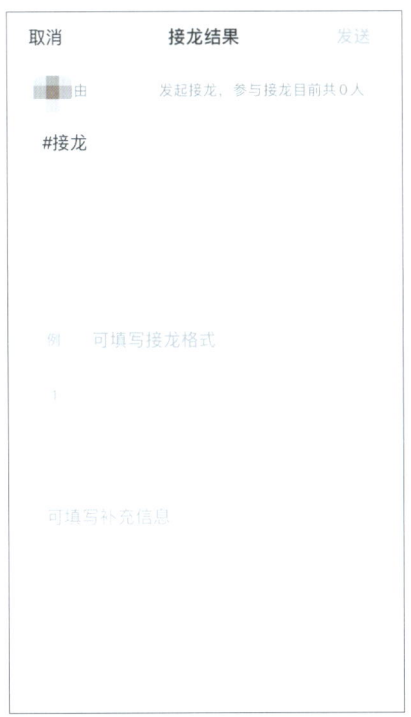

图 4-36　发起接龙

2. 团购升级版实施步骤

团购升级版的实施，需要结合有赞微商城来实现，每个账号可免费使用 6 天，超过 6 天则需付费。它有 3 个版本，其中基础版 6 800 元 / 年，专业版 12 800 元 / 年，旗舰版 26 800 元 / 年。

第一步：在手机应用商店输入"有赞微商城"，下载有赞微商城。

第二步：点击"有赞微商城"App，使用于机号码一键登录，（6 天使用期后完成账号认证）。

第三步：点击"全部商品"，点击"发布商品"，发布想要团购的商品。

第四步：点击屏幕左下方"店铺管理"，点击"全部"，点击"团购返现"。

第五步：点击"新建"，填写好团购返现相关信息后，点击"保持"。

第六步：点击"推广"，则可以下载带有商品团购付款二维码的海报，或者一键分享到微信、朋友圈、微博或 QQ 好友。

任务实施

请结合本任务背景和"阅读资料"，使用"微信＋有赞微商城"拼团方式，实现八乡茶的传播与转化。

1. 任务目标

使用"微信＋有赞微商城"拼团方式，实现八乡茶的传播与转化。

2．任务载体

微信 App、有赞微小店。

3．实施步骤

第一步：在手机应用商店输入"有赞微商城"，下载有赞微商城，如图 4-37 所示。

图 4-37　有赞微商城

第二步：点击"有赞微商城"App，使用手机号码一键登录（6 天使用期后完成账号认证），如图 4-38 所示。

图 4-38　手机号码登录

第三步：点击"全部商品"，点击"发布商品"，发布想要团购的商品，如图 4-39 所示。

图 4-39　发布团购商品

第四步：点击屏幕左下方"店铺管理"，点击"全部"，点击"团购返现"，如图 4-40 所示。

图 4-40　团购返现

第五步：点击"新建"，填写好团购返现相关信息后，点击"保存"，如图4-41所示。

图4-41　团购返现设置

第六步：点击"推广"，下载带有商品团购付款二维码的海报及点击"微信"图标，一键分享到微信社群，如图4-42所示。

图4-42　保存并分享

> 阅读资料

十八线小县城卖高端水果，社区团购月销 30 万元，
小舅妈如何在县城破局？

小舅妈原本在菏泽市曹县做了 7 年的童装生意，虽然身处"十八线"的县城，但小舅妈一直做高端品牌，身边聚拢了一大批县城里的中高端消费人群。

某一次到市里的出差，一些"新潮水果店"吸引了小舅妈的注意，他们不仅提供水果加工服务，还附带销售零食、日用百货等其他商品，很受年轻人的欢迎。于是，小舅妈就想：能不能把这套模式搬到自己的县城？几个月后，"优果由乐"就在菏泽市曹县开张了（图 4-43）。

图 4-43　优果由乐

虽然复制了多样化经营的模式，但是小舅妈还是根据自身的情况做了不少调整。

1. 瞄准中高端消费人群，主打精品水果、零食

小舅妈已有的客户都是中高端消费人群，7 年的童装销售经验让小舅妈十分清楚，只要品质足够好，这些人根本就不会计较那点钱，相反在县城里想要买到品质优良的高端水果、进口零食，却不是一件简单的事。所以只要能保证质量，高价的精品水果也能在县城形成竞争力。

2. 免费去皮、切分，并微笑服务

在服务多元化的今天，人越来越懒，尤其是很多年轻人买水果后，懒得洗、懒得削，于是小舅妈就把这些作为水果店的增值服务，只要买了水果，就可以免费加工。此外，小

舅妈还要求店员一定要微笑服务,方便顾客的同时增加了他们对店铺的好感。

3. 前卫时尚的店铺装修风格,契合高端的产品定位

小舅妈将门店打造成了浓浓的工业风,高端时尚,门店不仅是产品的售卖场所,更是品牌的名片。

4. 会员制经营,优惠和福利仅限会员专享

为了更好地维系核心顾客,小舅妈推出了"储值送会员"的营销策略,会员不仅享受9.5折优惠,还能购买一些指定商品。此外,小舅妈还采取会员积分制度,每年兑换积分的力度特别大,可以兑换如高端水果、进口商品、日料店优惠券等,让用户体验到会员身份的价值感。精准的定位、过硬的品质和完善的服务,让店铺迅速受到顾客的欢迎,短短2年的时间,小舅妈就连开了5家门店,覆盖了县城多个区域。到2019年,看到"社区团购"这股风越刮越大,原本一直在做高端市场的小舅妈发现,社区团购将会是打入中低端市场的优质渠道。决定做社区团购后,各式各样的团购软件都来表示合作意愿,但是经过多方对比后,小舅妈还是觉得有赞的功能最多最全,后台的数据也更精确,再加上朋友的极力推荐,在2019年3月,"小舅妈Hi购"微商城正式上线,开始尝试社区团购。

第一步:线下发布会,介绍团购玩法 + 招募团长。

考虑到社区团购这个概念在县城比较新奇,为了给大家普及这个概念,小舅妈设置了一场小小的发布会,邀请有赞工作人员到门店给用户们做"社区团购"的详细介绍,同时当场招募团长(图4-44)。

在招募团长时,小舅妈也有自己的小心思,除了需要一定数量的好友,有一定的微信卖货经验,还会评估团长的职业,像护士、老师、公务员等身边有很多同事资源的,也是首选。

图4-44 招募团长

第二步：丰富选品，按期开团。

一期选择 20～30 件团购商品，主要都是水果、洗衣液、零食等日常消耗品，这些产品使用率高，所以用户都有囤货的习惯，如图 4-45 所示。团购频率保持在一周一次，既能让团长适应学习，也不会让用户产生厌烦情绪。

图 4-45　团购

第三步：培训与激励机制，保证团队的优质高效。

每一期团购结束后都会有一定的奖励，比方说进步奖、冠军奖、新人奖……当然，3 次达不到最低业绩标准的，会被直接请退，以保证团长阵容的优质。

小舅妈还会定期给团长培训，教团长怎么去活跃团内的气氛，帮他们策划活动，例如开展满赠活动和发红包等，提高团长的卖货能力。

社区团购开展 3 个多月时，就发展出 40 多个团长，覆盖了曹县五分之一的小区，虽然增长速度并不快，但每月也带来了 30 多万元的成交额。

社区团购的初次试水成功，让小舅妈看到线上还有更广阔的市场可以开拓，有赞微商城也有很多功能和玩法等待自己学习运用。目前，小舅妈已经在计划着重运营线上商城，致力于打通线上线下渠道。

项目五
社群推广与变现

山哥来自广东省潮汕的某乡村。自 2010 年，他就在村里开了山哥农庄并兼任掌勺大厨。凭借独门家传潮汕厨艺及村里的自产农副产品等潮汕特产：土鸡、土鸭、土鸡蛋、土鸭、潮汕牛肉丸、盐焗鸡爪、绿色蔬菜、鱼和虾，农庄的菜色受到村民的一致好评。

2020 年初，新冠肺炎疫情爆发，村里采取了一系列封村封店的举措，使山哥农庄一连好几个月都没有收入。疫情期间，山哥听说电商挺火，大家都偏向在线购物，便在 2020 年 5 月开通了淘宝店，上架了村里土特产，但是一晃 4 个月过去了，淘宝店也没有几个订单。

一天，山哥的儿子拿着手机对他说："爸爸，你看这个哥哥做的菜好随意，但是好多人给他点赞呀。"山哥接过儿子的手机，看到一个微博博主发布了一条牛肉丸河粉做法的视频，并且附带卖锅的链接，居然有七八十万人点赞。山哥灵机一动："我这个掌勺十几年的潮汕大厨怎么也比他做得地道、有特色，而且咱们村里什么都是绿色的食材，为何我不试试通过分享做菜方法来推广咱们潮汕特产呢？"

当天，山哥在儿子的指引下注册了微博，带着儿子去地里挖了自己种的新鲜芡实并且让儿子给自己录制在菜地里挖芡实的视频。随后，他将剪辑好的视频发布到微博，并附上芡实的商品链接，如图 5-1 所示。让他惊喜的是，不到一星期，这条微博获得 3.9 万点赞，店铺订单 1 000 多个，一天内吸粉 12 万！

图 5-1 山哥的芡实农副产品带货微博

从此,山哥走上了微博带货农产品的道路,成为了知名的微博美食博主且月入可观。

任务一 社群微博推广

学习目标

1. 了解微博社群的日常管理方法。
2. 能够结合实际创建微社群。
3. 能够打造热门话题进行微博社群推广。

情境引入

陆向民是广东省广州市增城市某村的村长，村里盛产水稻、荔枝、龙眼、地瓜、蔬菜等农产品，各家养殖鸡、鸭，鹅。另外，村里拥有增城当地十种优质出名的农副产品特产，分别是：增城荔枝、增城丝苗米、增城迟菜心、正果腊味、正围黄塘头菜、增城乌榄、小楼冬瓜、派潭凉粉草、秘石红柿、白水寨番薯，号称"增城十宝"。

陆向民先用手机号码注册了个人微博账号，并且计划在微博带货自产的地瓜和地瓜干，目前他已经通过发帖吸粉（吸引粉丝关注）1 000多人，每天也积极回复粉丝的评论。陆向民觉得仅仅在微博进行评论互动不足以拉近和粉丝的距离。于是他想在微博创建一个粉丝微社群，可是如何创建微博社群？如何进行微博社群推广呢？

任务分析

微博推广是社群营销常见的一种网络营销方式。微博作为社交媒体，基于其社会化自传播特性，传播速度极快，因此，微博往往是品牌话题营销和事件营销的绝佳载体，可以快速拉升品牌，有利于社群品牌影响力提升和吸粉引流。

微博社群

一、微博社群简介

微博社群，也称为微群或者微博群。微博社群能够聚合有共同爱好或者相同标签的用户，将所有与之相应的话题全部聚拢在微群里面，让志同道合的用户聚在微博更加方便地进行参与和交流。

在微博社群状态中，用户可以创建自己的微社群，或加入自己感兴趣的微社群，并且为未加入微群的用户随机推荐热门微群，根据新浪微博的推荐机制来看，不排除关联标签、地区与讨论话题。在微群发言界面中，参与群组的用户可以互相交流，并且同步发布至微博。

根据微博的认证方式，微博的社群用户可以分为五大类别，分别是草根类微博、KOL红人类微博、明星类微博、政务类微博和社会组织类微博。

（一）草根类微博

这类微博注册用户是普通的社会老百姓，他们粉丝不多，但是会持续关注自己喜欢的博主，成为他们的粉丝，如图5-2所示。微博的入驻门槛低，草根类用户玩微博的目的就是休闲娱乐、浏览新闻时讯、看看娱乐八卦信息、搞笑视频等。还有一种草根类用户，他们是纯粹的追星一族，在微博随时关注自己喜欢的明星动态信息。

图 5-2　草根类微博示例

（二）KOL 红人类微博

微博在兴起时就聚集了一批在一类群体中有一定影响力的人物，他们就是所谓的 KOLs（Key Opinion Leaders）。他们不是明星但是却坐拥几十万或以上的粉丝。随着粉丝的不断增长，KOL 红人也掀起了在微博带货的热潮，如图 5-3 所示。

图 5-3 KOL 红人类微博示例

（三）明星类微博

可以说，微博的动力来源于众多的明星大 V，大部分明星都有自己的认证微博账号，如图 5-4、图 5-5 所示。明星是自带流量的公众人物，除了分享自己近期的活动信息和生活信息，随着电商的发展，不少明星在微博代言产品或者进行微博带货。

图 5-4 明星类微博（普通版）示例

图 5-5 明星类微博（国际版）示例

（四）政务类微博

政府类微博的开通可以让政府部门更直接地听到人民群众的声音，同时，政府部门可以在微博及时公示政府相关信息，对保障公民知情权、减少社会矛盾起着积极的作用。凭借政府官方的强大影响力，政务类微博能积极引导社会舆论、净化社会风气，具有更加权威的品牌带动力和公民信服力。如图 5-6 所示。

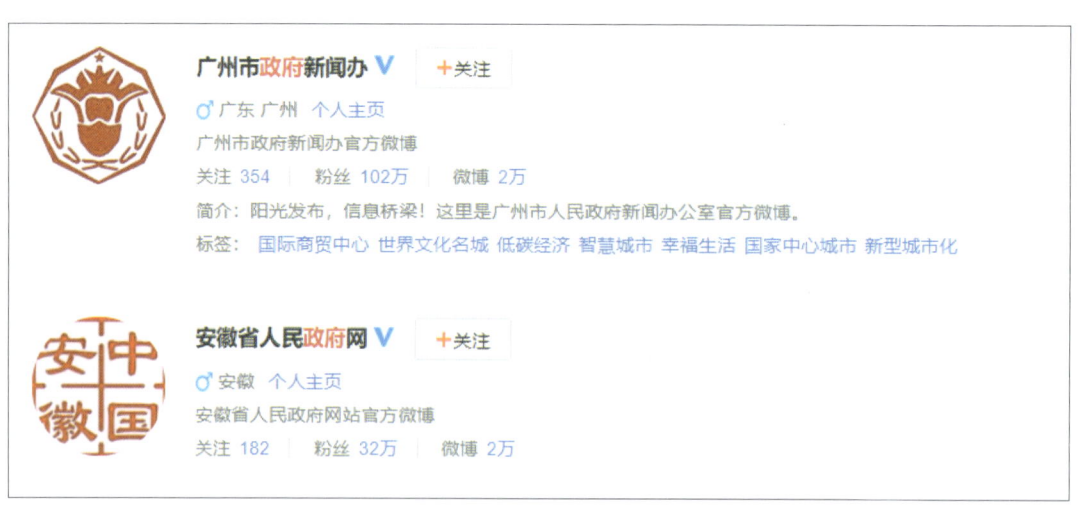

图 5-6 政务类微博示例

（五）社会组织类微博

社会组织是人们为了有效地达到特定目标按照一定的宗旨、制度、系统建立起来的共同活动集体。因此，社会组织类微博包括企业微博、学校微博和协会等有共同目标的社会组织微博，如图 5-7 所示。特别是企业微博，很多企业都会入驻微博宣传公司形象、公司文化和公司品牌和产品。

图 5-7　社会组织类微博示例

二、微博的日常管理

（一）发推文

刚注册的微博博主，发推文最忌讳三天打鱼两天晒网，也忌讳频繁发文。每天发 1～3 篇推文可以增加曝光度，引起读者共鸣的推文还可以有效吸引粉丝，以及增加粉丝的积极性和活跃度。即使没有路人、粉丝点赞或者转发都要坚持每天发文，刷一份"存在感"也是有必要的。

（二）回复评论/私信、转发和点赞

如果有粉丝或者路人在发帖的下面评论，博主需要及时和友好地回复评论和私信，同时，也可以到粉丝或者关注的博主的主页评论、转发或者点赞，这样可以增加互粉的概率，有效地增进粉丝的感情和黏性。

（三）关注热搜微博和微话题榜

关注不同时间段的热搜微博和微话题榜，可以实时了解微博的最新热点动态，以备不时之需。

（四）微博群

博主如果拥有一定粉丝的微博群，也需要对其进行日常打理。根据《2018 微博电商白皮书》，微博网购用户在 11:00—13:00、17:00—18:00 及 21:00—22:00 的三个非工作时间段更加活跃。博主在群里和粉丝的互动可以集中在这三个时间段；另外要及时处理微博群中趁机乱发广告或者发表不良舆论的粉丝，并且需要建立和公布群规，打造一个整洁明亮及有一定价值含量的微博群。

三、微博社群营销

如何通过微博来推广农产品呢？一般来说，微博社群营销方式包括以下几个方面：

（一）借势政府微博力量

所谓微博大V，就是在微博里拥有几十万以上粉丝的微博博主或者政府部门官方微博。可以在微博推文中@相关微博大V的昵称进行宣传。例如，某用户通过@梅州发布这个拥有60多万粉丝的政府认证官微进行农产品柚子的微博推广，如图5-8所示。

图5-8　借势政府微博宣传农产品

（二）借势KOL红人力量

可以通过微博私信等渠道，联系微博上的KOL红人，借力KOL红人进行农产品的推广，如图5-9所示。

图5-9　借力微博KOL红人薇娅宣传农产品

（三）借势微博热搜榜或者热议话题榜

微话题热搜榜每隔一分钟更新一次，热议话题每小时更新一次。以下是推广红薯产品的微博，这条微博则是巧妙地借用了微博热门话题给微博的热度升温，如图 5-10 所示。

图 5-10　借力微博热搜榜或者热议话题榜宣传农产品

（四）借助节日力量

用户可以借势节日前后浓厚的气氛，通过节日结合产品打造微博内容，唤起粉丝的共鸣，如图 5-11 所示。

图 5-11　借力节日宣传农产品

还有的则是综合借力，如图 5-12 所示，借助明星和节日的力量，推广农家核桃、苹果等农产品，可以不费吹灰之力使推广的力度实现最大化。

图 5-12　综合借力宣传农产品

四、微博粉丝运营

粉丝是英文"fans"的音译，原本指对某个领域的名人或团体的热心追随和支持的一个团体。随着互联网的快速发展和传统商业模式的转型，"粉丝经济"的概念应运而生，并且日益流行。

（一）微博社群粉丝变现

在微博上，每一位博主都有一个完整的粉丝生态，每个粉丝的微博账号都是博主账号内容的传播渠道。在微博上，实现微博粉丝变现主要有以下六种途径：

1. 微博头条文章打赏收入

博主发布头条文章前，在后台设置打赏功能，粉丝阅读后可以给博主打赏表达肯定，如图 5-13 所示。

图 5-13　微博头条文章打赏

2. 微博头条文章付费阅读收入

微博头条原创文章设置付费阅读，粉丝阅读了一部分文章内容后，如果还想继续阅读下文，则需要付费，如图 5-14 所示。

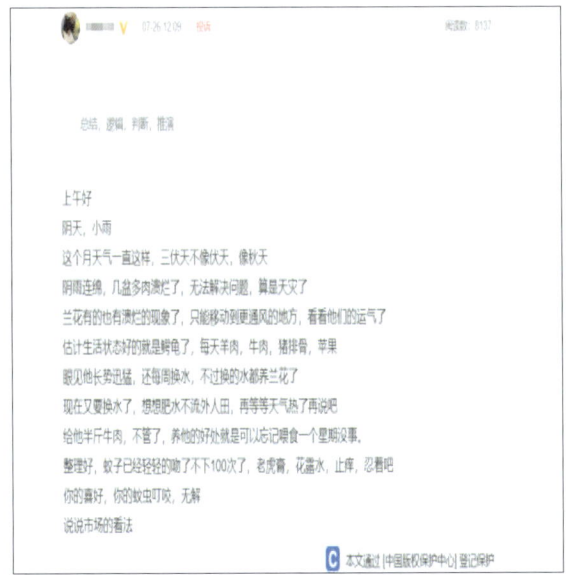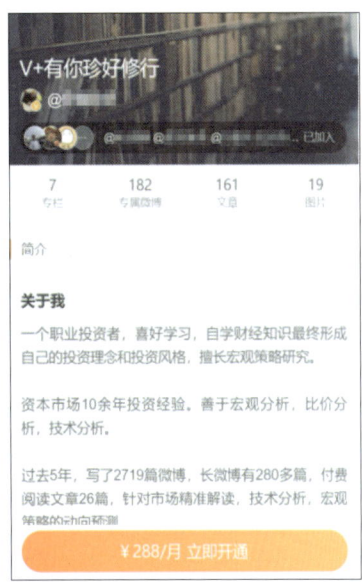

图 5-14　微博头条文章付费阅读

3．开通微博店铺

选择和上架优质商品，通过持续分享店铺好物和优质内容，吸引和引流粉丝在微博店铺下单获得收入，如图 5-15 所示。

图 5-15　微博店铺收入

4. 广告代言收入，挣取广告费或者代言费

微博中当红的明星或者 KOL 的大 V 会被人找来代言，如图 5-16 所示。

图 5-16　微博广告代言

5. 微博直播带货收入

在微博，只要是 18 岁以上的成年人都可以使用直播功能，粉丝可以在直播间给主播刷礼物或者点击购物车下单购物，如图 5-17 所示。

图 5-17　微博直播带货收入

6. 回答问题获取打赏

打开微博手机端，点击"我"，下滑便可看到微博问答，参与回答有打赏的问题，问

题发起人会给满意的回答进行打赏，如图 5-18 所示。

图 5-18　微博回答问题获取打赏

7．卖号

如果你的微博账号有一定的粉丝数量，在市场上有一定商业价值（价格根据博主影响力和粉丝数量而定），则可以通过卖号赚取一笔可观的收入。

（二）维持微博社群粉丝活跃度

1．保持和粉丝的互动

博主尽量回复粉丝的评论，同时也转、评、赞粉丝的帖子，做到与粉丝的礼尚往来。同时，也可以发布投票问题，和粉丝保持互动。微博店铺的粉丝好评可以截屏在微博进行分享展示，而对于微博店铺的粉丝差评，要及时处理，安抚好粉丝情绪和做好售后服务。

2．举行线下见面会或者地推活动

博主可以不定期举行和粉丝的线下见面会和地推活动，并且线上线下相结合，从线上走到线下和粉丝见面，并且把见面会的活动情况展示到微博，如图 5-19 所示。这样，博主更加能够了解粉丝需求，进一步拉近和粉丝的距离，增强粉丝对自己的信任度。

图 5-19　微博预告粉丝线下见面会

3．运用"粉丝头条"

粉丝头条是微博最新推出的可以增加推文曝光度的服务，博主通过购买粉丝头条，可以更大范围地把自己的推文推送给粉丝和相关用户，让粉丝和相关用户第一时间看到你更新的推文。点击每个帖左下方的"推广"，设置相关内容，点击"付费"便可展示在目标粉丝或相关目标用户微博浏览页的顶部，如图 5-20 所示。

图 5-20　粉丝头条增加博文曝光度

（三）优化粉丝体验

1．建立和推广微店铺

2015 年 10 月起，微博推出官方微店铺版本，用户在客户端直接发布和上架产品，当前最新版本的微博客户端，支持用户通过粘贴口令或商品链接添加淘宝、京东、聚美等电商平台的商品，还支持直接导入有赞店铺。粉丝点击该产品在店铺的链接即可在微博直接下单购买。

2. 微博图片添加标签或贴纸或商品链接

发微博时配上图片，可以达到图文并茂的效果，使推文更加生动形象地展现在粉丝面前。在微博发帖配图时，有个添加标签功能，这个功能相当于添加你自己创建的微话题。另外，还可以通过标签功能在图片中添加商品链接，粉丝点开图片的同时，可以点击图片中的商品链接直接进入商品详情页，如图 5-21 所示。

图 5-21　微博图片添加标签或贴纸或商品链接

3. 粉丝服务包

在微博客户端点击"我"，然后点击"创作中心"可以看到"粉丝服务"这个界面，根据自己和粉丝需求在私信互动、抽奖平台、微卡券、粉丝红包和商业服务包栏目进行相应的粉丝服务设置，可以大大优化粉丝的体验，如图 5-22 所示。

图 5-22　微博粉丝服务

博主可以利用粉丝服务包的功能，在微博或者微博群不定时发放优惠券、微博抽奖红包或礼品等，让粉丝获得看得见的收益和参与活动后中奖的喜悦，如图 5-23 所示。

农产品社群营销

图 5-23 微博粉丝服务应用示例

经过一番学习后，陆向民的运营团队发现热门话题更加容易增加微博帖的曝光度和点击率，提升微博社群推广效率，更好地引流吸粉。于是，他计划通过打造农产品热门话题来推广村里的糯米糍荔枝，并开展＃增城糯米糍荔枝＃微博转发抽奖活动。

1．任务目标

（1）打造农产品热门话题＃增城糯米糍荔枝＃，进行微博推广。

（2）开展＃增城糯米糍荔枝＃微博转发抽奖活动。

2．任务载体

微博平台。

3．实施步骤

（1）打造农产品热门话题＃增城糯米糍荔枝＃，进行微博推广。

第一步：确认需要推广的农产品——增城糯米糍荔枝。

第二步：打开和登录微博首页，点击右上方的图标（以电脑端为例），手动输入"＃增城糯米糍荔枝＃"，然后添加配图，图文并茂的话题展示方式可以更好地吸引眼球并且可以更加形象生动地增强话题的阅读性。接着点击"发布"，如图 5-24 所示。

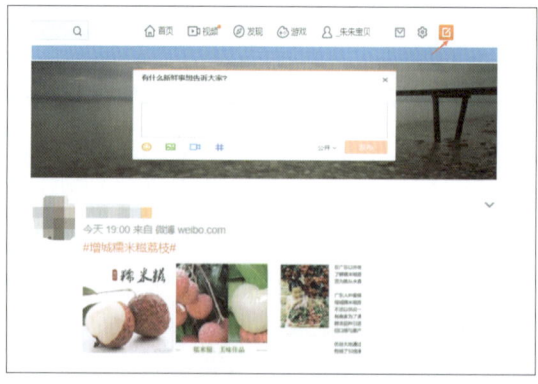

图 5-24 微博话题

第三步：点击首页上方工具栏的"发现"，再点击左下方的"话题"，如图 5-25 所示。

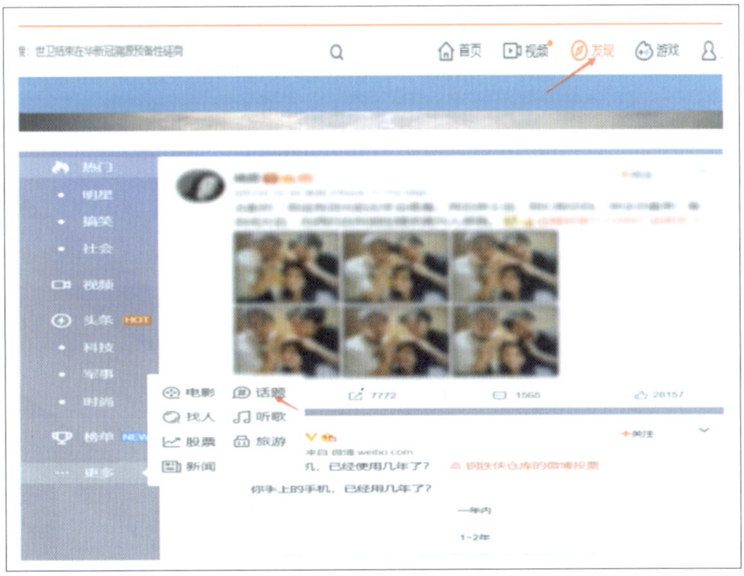

图 5-25　进入话题页面

第四步：点击屏幕右上方"我的话题"中的"#增城糯米糍荔枝#"，如图 5-26 所示。

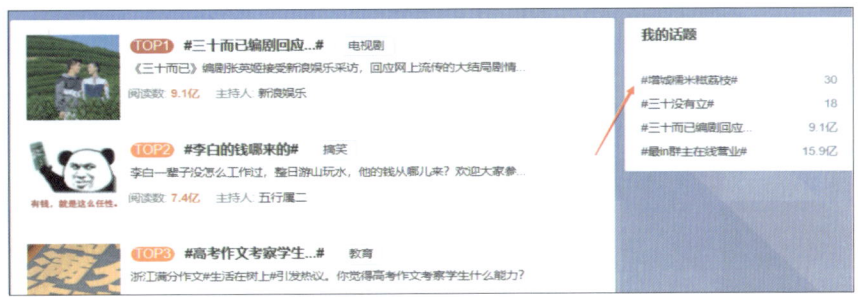

图 5-26　找到发布的话题

第五步：点击"申请主持人"，符合申请主持人资质，就能成为#增城糯米糍荔枝#话题主持人，如图 5-27 所示。

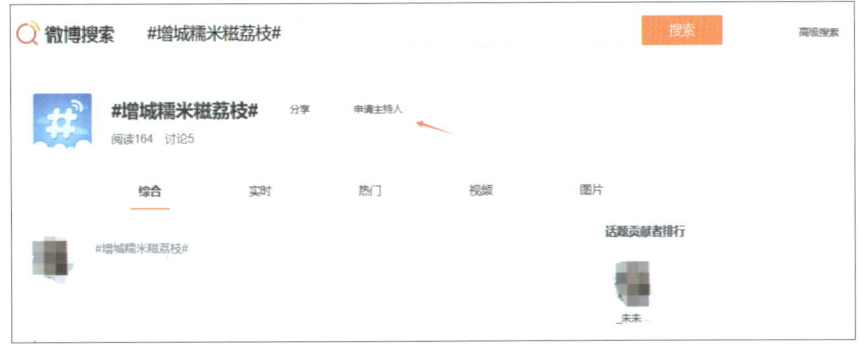

图 5-27　成为话题主持人

第六步：站内微话题推广。点击"转发"，点击"私信"，就可以发送私信或复制微博链接给微博好友或微博群，另外可以利用微博直播植入#增城糯米糍荔枝#话题，用自己的小号或邀请好友复制话题转发、点赞和评论，助力话题的曝光度，如图5-28所示。

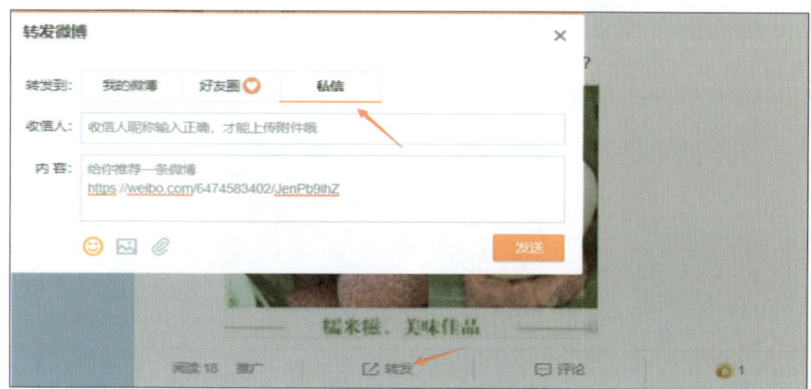

图5-28　提升话题曝光度

第七步：最后，可以利用微博话题站外推广，在微信、抖音或者贴吧等渠道引导用户到微博给话题助力。

（2）开展#增城糯米糍荔枝#微博转发抽奖活动。

第一步：点击"我的"，点击"创作中心"，如图5-29所示。

图5-29　微博创作中心

第二步：点击"首页"，点击粉丝服务中心的"抽奖平台"后，点击私苗米贴文下的"设置抽奖"，如图 5-30 所示。

图 5-30　微博抽奖平台

第三步：点击"添加奖品"设置抽奖奖品类型和中奖人数，在基本设置板块点击"评论微博"和"无需关注"，设置中奖人数和抽奖时间，如图 5-31 所示。

图 5-31　微博抽奖活动奖品设置

第四步：点击"开始抽奖"，发布抽奖推文。

第五步：私信粉丝参与抽奖。

第六步：回复评论区的评论。

第七步：抽奖结果公布后，继续发一份新帖公布中奖粉丝进行二度推广并且@中奖的粉丝。

思考与练习

1. 借助微博热门话题进行产品推广的操作步骤。
2. 思考：如何进行农产品的借势营销？
3. 微博社群粉丝互动的方式有哪些？

项目五　社群推广与变现

任务二　社群直播引流

学习目标

1. 了解常用的社群直播平台。
2. 掌握社群直播平台的注册操作。
3. 能够策划一次完整的社群直播活动。

情境引入

2020年受新冠肺炎疫情影响，很多村民失业下岗。陆向民前几天看到潮汕山哥的微博，觉得可以借鉴潮汕山哥推广农副产品的做法，便建立了微博社群、微信群，并鼓励村民使用微博、直播平台、贴吧等新媒体平台推广各家的农副产品，使每家每户都能拥有副业。他还发动全民行动推广乡村特产，响应国家"一村一品"战略，打造农特产品牌。

2020年上半年，突如其来的新冠肺炎疫情催生了直播带货的快速发展。农产品直播卖货不仅可以为直播者带来回报，也可以为实施乡村振兴战略、打赢脱贫攻坚战提供动力。陆向民的运营团队决定以直播带货的方式进行社群引流和变现，该怎样行动呢？

任务分析

社群营销的最终目的就是获利，获利就需要吸引顾客，而吸引顾客离不开推广和引流，即从不同的地方将顾客吸引到自己的直播平台或店铺。农产品社群营销的引流环节很关键，需要在引流过程中找准大方向，锁定目标群，尽可能呈现垂直化发展。线上引流可以利用贴吧、知乎、微信公众号等平台进行群资源推广，还可以通过比较流行的直播平台，如抖音、千聊、荔枝微课、快手等进行引流。

社群直播

一、社群直播的概念

社群直播是运用社群直播平台进行直播展示和传递的一种营销行为，是社群运营变现的最快途径。农产品社群直播，即直播者利用直播方式推销农产品或服务。

社群与直播之间的关系如下：

（一）直播为社群提升活跃

一个健康的稳定的社群，自然少不了优质的内容输出。相对于文字、音频，视频传递的信息量更大。所以，直播可以作为很好的内容沉淀形式，很好地唤起群内的活跃度。

（二）社群为直播提供前置引流

为了实现传播量的最大化，一般都会将直播预告提前2天以上，页面上标注房间号让大家提前关注。但是这样前置关注无法迫使用户去定时观看直播。而如果让用户先进入社群讨论，配合群内氛围的建设，后续的转化观看量会更好。

二、社群直播的价值

在互联网时代下内容传播的重要性一点不亚于生产。因为运营和传播是把好的产品传到更多人面前，从而把更多的认同社群价值观的人吸引过来。

（一）社群直播解决谁传播内容

如果群主本身就是一个大咖，那么可以由他来生产内容。如果群主的输出能力有限则可请专家来给群成员做直播。这样在开始阶段就有了非常精准的听众，而且也能满足直播中参与人员的互动需求，从而使直播的现场感更强烈。

（二）社群直播解决传播什么内容

直播内容要围绕社群价值核心点来为群成员做内容分享，即要把内容做成一个整体。就像我们现在所做的社群，主要是探讨社群领域的内容及为群主做服务，所以每次分享都是围绕社群运营和变现等内容。

（三）社群直播能更好地吸引用户

在开始直播之前或直播过程中都会吸引一些参与直播的陌生用户关注你的公众号。直播之前，听众通过分享直播链接等方式会持续不断扩大社群的知名度。

（四）社群直播有即时性和现场参与感

直播可以满足用户的即时性需求，直播过程中会有不断的互动，优质问题会不断地被提出来，群成员不再仅仅是被动地接受知识。赏花、打赏等方式使所有人都参与到内容生产的过程中。这样的直播有更佳的现场参与感，使社群对群成员的黏性更强。

（五）社群直播使优质内容得以永久保存

直播完之后，分享的内容也要沉淀下来，因为它本身是非常有价值的。例如，请一个大咖或专家来分享，分享完了，分享的内容就不可再获取了，这是非常可惜的，所以说这些优质内容一定要沉淀下来，就像我们直播间的内容可以永久保存，只要点击链接就可随时查看内容。但是只是记录和保存下来也还是不够的，还需要进行专业生产内容

（Professional Generated Content，PGC）的再加工，将再加工后的优质内容放到各社交媒体上传播，又会带来很多精准的用户。

三、社群直播平台操作

常见的社群直播平台或工具有千聊、荔枝微课、映客、一起学堂、抖音等如表 5-1 所示。目前很多社群直播平台支持视频、语音、图文等内容形式，有助于社群裂变、沉淀私域流量，进而有利于直播带货目标的实现。以下主要介绍千聊直播平台的相关功能和应用。

表 5-1 直播平台

分类	泛娱乐直播	商务直播	游戏直播	网购直播	体育直播	秀场直播
平台	YY	掌门	战旗	京东	企鹅	秀色秀场
	映客		斗鱼	淘宝	章鱼	
	花椒	微吼	虎牙	抖音	乐视体育	六间房
			熊猫	快手	风云直播	

（一）千聊直播平台介绍

千聊平台是由腾讯众创空间孵化的项目，千聊基于知识生产、用户需求和内容变现，聚合知识付费、用户运营、营销推广、社群运营、训练营等工具功能，为 B 端客户（商家）提供有底层规律和实践性的底层工具及可信赖的知识服务解决方案。同时，千聊拥有微信端、App 端、PC 端、小程序等多终端，满足 C 端用户（消费者）多种碎片化学习场景，让用户高效快捷获取智慧解决方案。平台课程涵盖职场、理财、亲子、情感、变美、生活等 20 个细分领域。

图 5-32 千聊平台

与 180 多万讲师机构共同服务超过 3 亿用户，目前已有上百万个机构与培训老师通过千聊（包括政府机关与公益组织）开展在线讲座、发布会、分享会等，如图 5-33 所示。千聊平台覆盖上亿听众，并被称赞为"知识付费品牌孵化合作商"，永久免费。

图 5-33 千聊社群运营功能展示

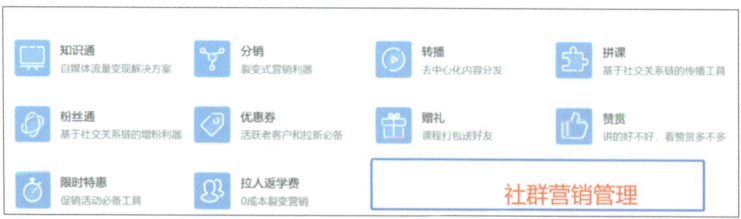

图 5-33 （续）

千聊的直播工具是专注微信生态的直播工具，支持直播、录播、视频、语音、图文等多种内容形式；专注营销和获客，通过分销、拼团、限时特惠、返学费、直播带货等多种模式促进涨粉和变现；工具免费使用，讲师流水平台不抽佣。它可以支持的应用场景有：知识分享、线上培训、线上教育、电商导购等。

（二）千聊直播平台操作

豆瓣上知名网红"农公子"，在千聊平台上做了关于"中国之最——天然美食烹饪记"的系列分享节目，节目播出后公众号粉丝暴涨，接下来"农公子"将开通千聊直播带货功能，进行特色农产品直播带货，实现快速涨粉和变现。如何使用千聊直播做一次直播带货活动呢？

1．开通直播权限

千聊平台可以开通直播带货功能，将直播间内课程或自定义商品链接上架至直播页的热销导购区，独创限时上架功能，强力刺激用户下单。

开通千聊直播权限注意：

①直播带货仅用于视频直播和音频直播课程，其他类型课程无法使用。

②带货功能可以在千聊讲师 App 和微信端上设置，学员从微信端使用。

（1）微信端直播权限开通。

第一步：进入微信 App，打开微信搜一搜。输入名称"千聊知识店铺"，选择公众号，点击"关注公众号"，如图 5-34 所示。

图 5-34 关注公众号

第二步：成功关注"千聊知识店铺"公众号后，点击消息中的"创建链接"，创建直播间，如图 5-35 所示。还可以点击菜单栏"我的店铺"，点击"我的店铺后台"，创建直播间。

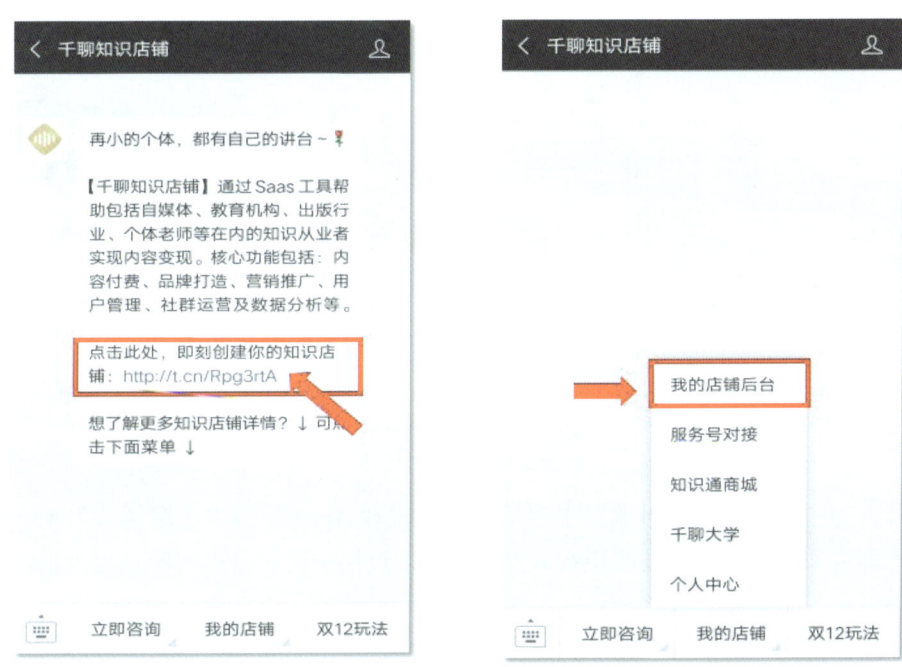

图 5-35　创建直播间

（2）App 端直播权限开通。

第一步：进入千聊讲师 App，使用微信登录后，点击上方"切换身份"可选择"直播创建者"或"管理员"身份，如图 5-36 所示。非直播间创建者和管理员的讲师，接受嘉宾邀请并进入此页选择"嘉宾"身份即可开播。

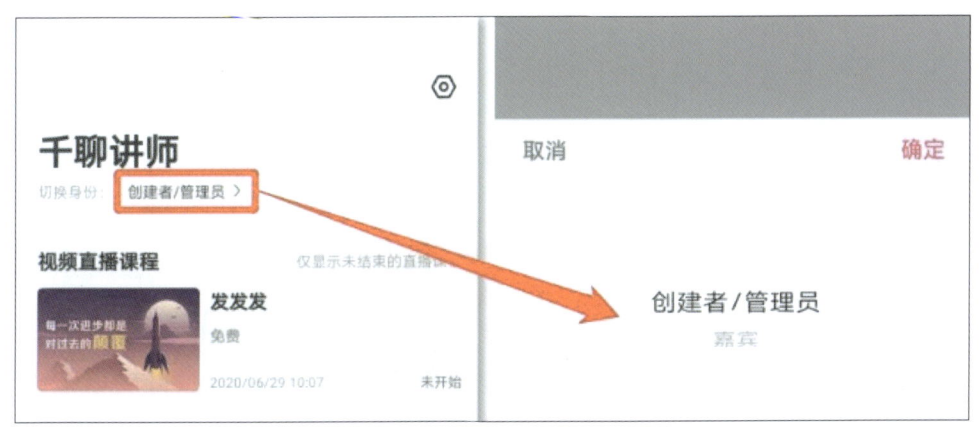

图 5-36　切换身份

第二步：按系统提示和要求分步操作，如图 5-37 所示，点击"确定创建"即可。

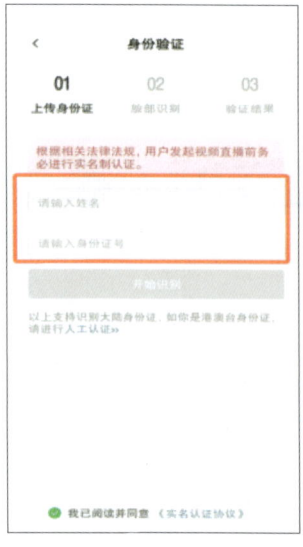  

图 5-37　身份验证

2．千聊直播操作方法

千聊直播主要集中在手机端，主要使用千聊讲师 App 进行，"千聊讲师" App 是一款专门为千聊讲师打造的视频直播和音频直播工具，直播带货通常以视频直播为主，具体操作步骤如下：

第一步：打开千聊讲师 App，使用微信登录后，点击"开课"，进入"创建直播课程"页面，设置好直播时间、课程标题、开始时间、视频模式后，点击"确定创建"，如图 5-38 所示。

图 5-38　千聊讲师 App 内创建直播课程

第二步：直播前调试。未到直播时间，可点击"去调试"提前调整设备，仅有直播间创建者和管理员可看到调试效果。到了开课时间点击"去直播"来正式直播，如图 5-39 所示。

图 5-39　直播测试

第三步：开启直播带货功能，上架商品。进入直播课程，依次点击"互动""直播带货""去仓库选择""添加自定义"，在"添加自定义"页面，上传商品封面图（建议尺寸 800*500），填好标题、价格、产品链接等信息，再点击"确定"，如图 5-40 所示。

图 5-40　添加商品

在"仓库"页面，点击"自定义"可以设置限时上架，点击"…"，再点击"限时上架"，填写下架倒计时（1～60分钟），如图5-41所示。

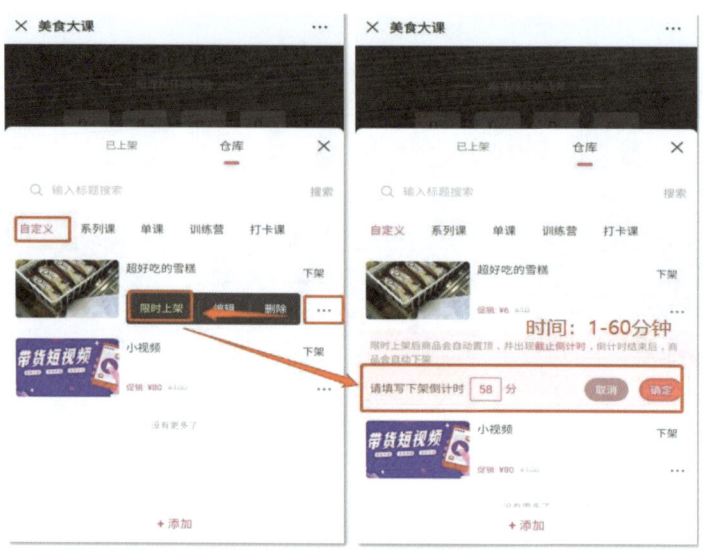

图 5-41　设置限时上架

自定义好物限时上架效果，如图5-42所示。

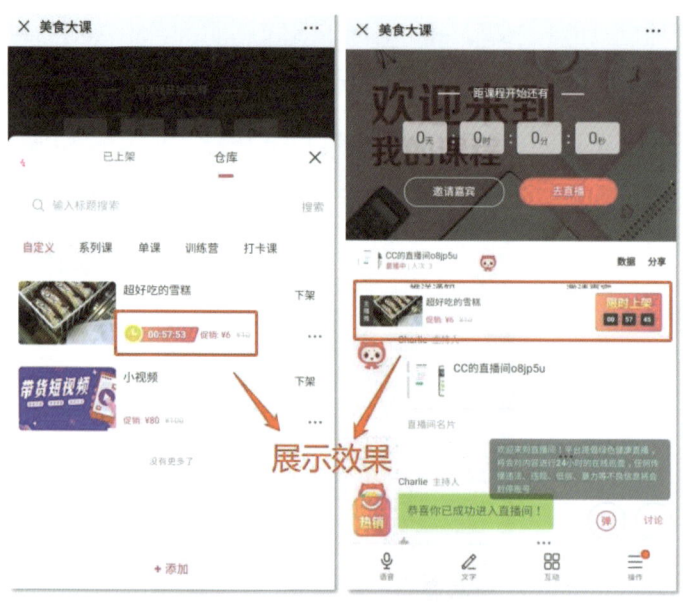

图 5-42　设置展示效果

最后，将千聊直播链接转发到微信群里，粉丝或学员从微信端进入直播间才能看到带货，App暂时不支持。学员从微信端进入课程后，就可以看到置顶的好物，学员可点击跳转到商品页面购买。点击左下角的"热销"可查看全部好物，点击"商品"即可跳转查看介绍，并可下单。

第四步：结束直播。点击右下角的"结束直播"，就可以结束本场直播。直播结束后，主播可以查看到本场直播的数据，如观看人次、弹幕数、累计粉丝数、收入金额等，如图5-43所示。

图 5-43　千聊工作台界面

四、开展社群直播

（一）直播选题规划

选题规划是指利用各方面的信息，在直播的方向和内容上做出选择和决策的过程。直播之前都会先选定一个题目,原因有二:一是选题对观众有引导作用,可以吸引观众来直播间观看;二是一个好的选题能让直播间人气爆棚。

1. 关注热点,制造话题

在进行直播时,可以通过热点事件为直播增添热度。善于制造话题是每一位优秀主播都具备的核心能力之一,因此我们要学会制造标签性话题,并且要注意跟进话题的热度。

例如,华农兄弟的主业是养殖竹鼠,在直播中制造了很多话题,如"找理由吃竹鼠""村霸"等。华农兄弟在直播"吃竹鼠"前,总要找一些奇怪的理由,例如,"这只竹鼠中暑了""这只竹鼠受了内伤""这只竹鼠抑郁了",等等。久而久之,粉丝们就开始猜测,下一次华农兄弟要以什么样的理由去吃自己的竹鼠,"找理由吃竹鼠"逐渐成了一个非常热门的话题。华农兄弟对这个话题持续跟进,不断找新的、更离谱的理由,一直维持这个话题的热度,最终取得了很不错的传播效果。

2. 结合用户偏好规划选题

对于社群直播而言,提高群活跃度和转化量,要注重迎合观众的偏好,只有摸清了观众的想法,做好规划,才能事半功倍。例如,很多直播平台带有线上投票选择功能,在直播前,可以在社群里开启直播选题投票,选择结束并统计完成之后,主播可以根据票数多的选项进行直播调整。例如,农产品直播前,设置投票,投票的直播主题是"妃子笑荔枝王摆盘"和"荔枝新吃法",再根据观众的投票结果进行直播调整。

(二)直播预热和引流

参考主流直播平台流量数据,建议直播时间定在 10:00—11:00、20:00—22:00,这两个时间段为流量高峰期。若直播无法安排在这两个时间段内,应该将直播预热时间安排在此两个时间段,避免前期积累的客户流失。

在直播前,尽量掌握主要推荐的商品信息和价格信息,根据商品属性,提前确定商品价格并生成相应的商品链接。通过微信、微博、抖音等平台进行直播引流(图 5-44)。

预热分为前期预热和播前预热。

1. 前期预热

前期预热是指通过微博、微信、短信和店铺等渠道将直播信息传达给顾客,如表 5-2 所示。

表 5-2　前期预热

直播预热渠道	预热时间安排	预热内容安排
微博	滚动直播,可采取每日提醒一遍的方式	除了简单预告直播信息以外,还可在微博做直播品牌、品类调研,提高粉丝参与度
微信	直播前 15 分钟	通知微信好友前去围观
短信	直播前 15 分钟	通知好友前去围观
店铺	直播前 2～3 天开始预热	1. 站内即时信息发送 2. 店铺 banner 广告

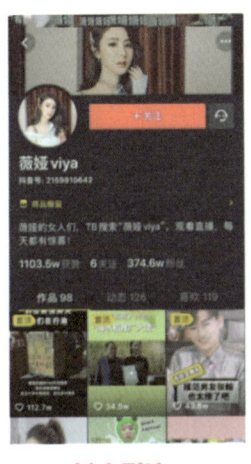

微信引流　　　　　**抖音引流**　　　　　**微博引流**

图 5-44　直播预热和引流渠道

2. 播前预热

播前预热应该以与粉丝娱乐互动为主，可以设计一些营销类型的活动。播前预热是指在播放前一个小时内预热。

可采取的活动如下：

①优惠券。在预热期间，发放优惠券，正式开始直播后，下架优惠券链接。客服根据拍下优惠券的信息，将优惠券发放到顾客账号。优惠券发放金额与直播产品特性有关。货值越高，优惠券金额越高。

②礼品。赠送小礼品的方式可以多样化。例如，采用与发放优惠券相似的方案，将优惠券替换为小礼品；回答问题赠送小礼品；加微博领取小礼物等。

（三）直播人员规划

以 C 端店铺直播为例，在进行一场农产品直播时，直播工作人员分工如下：

（1）主播（1 名）：提炼卖点、介绍产品，主要进行客户引导，统筹全场。

（2）助理（2 名）：回复屏幕上顾客的问题、帮助主播发布相关信息、引导粉丝进行关注操作等。此外，还需要将商品信息（价格、材质等）发送给客服助理，同时，将客服的信息反馈给直播现场。助理还可以通过文字带动直播间氛围，引出商品卖点让主播回答问题造势。

（3）客服（1 名）：负责抽奖登记，回复顾客关于产品的问题，并引导顾客下单。

（四）直播展示（直播脚本设计与撰写）

直播脚本是指使用特定的描述性语言，针对特定的某一场直播编写的规划方案，以保证直播有序且高效进行，达到预期的目标。一场好的直播需要在直播脚本上下足功夫，好的直播脚本可以为主播的行为和话术提供指导，规范直播的流程，使直播效益最大化。

直播脚本包括单品直播脚本和整场直播脚本。

1. 单品直播脚本。

单品直播脚本是针对某一类产品直播的脚本，一般采用表格的形式进行编写，脚本要注意将产品的卖点和利益点非常清晰地体现在表格上，直播脚本主要体现出以下内容：

（1）品牌介绍。展示出单品图片、品牌名称、产品名称、产地及使用方法等，并附上产品链接（便于核查）。品牌介绍能让主播对直播的产品有个清晰的整体认识。

（2）产品 USP 提炼。USP（Unique Selling Proposition），译为"独特的销售主张"或"独特的卖点"，在这里主要用来向直播观众陈述产品的卖点，同时这个卖点必须是独特的、能够带来销量的。一般围绕产品提炼 3～5 个卖点为最佳，同时列出对应的利益点，增强主播介绍产品时的说服力度。

（3）直播活动介绍。主要是展示直播间的优惠活动，比如直播间优惠价格等，能够更好地调动直播间的氛围及引导粉丝消费，同时还要强调引导下单的方式。

表 5-3、表 5-4 为直播脚本示例。

表 5-3　天猫某品牌奶粉直播脚本示例

产品链接	https://detail.tmall.hk/hk/item.htm?spm=alz10.5-b-s.w4011-16400841883.59.7d0a4e98TFJUPR&
场景引入	今天趁着"6.18"活动，我就给大家推荐下我家宝宝一直喝的未来版启赋，大家注意哦，这个可是全英文罐身的超高端海外版启赋 HMO
使用感受	买过的宝妈一定知道，这款奶粉最大的特色就是成分超级接近母乳，简直可以说是跟母乳一模一样，母乳有的成分它都有！从母乳过渡为奶粉的宝宝，强烈推荐这款产品，宝宝喝过后消化吸收好，免疫力增强，生病都减少了
介绍产品	1. 最接近母乳：因为含母乳低聚糖 HMO 2. 增强宝宝免疫力，宝妈首选：母乳低聚糖 HMO 最大的功效就是能提升宝宝的免疫力 3. 大品牌：启赋是超高端奶粉的品牌 4. 口味清淡不上火，宝宝爱喝：奶粉再好也要宝宝喜欢喝，这款奶粉，我家宝宝就在喝，他非常喜欢，而且这个奶粉味道很清淡，很适合宝宝们喝
产品卖点提炼	1. 母乳低聚糖 HMO 是母乳中的第三大物质，占比高达 11% 2. HMO 仅存在于人类乳汁中，不存在于牛乳、羊乳中 3. 大部分婴幼儿配方奶粉中都不含母乳低聚糖 HMO，这款产品可是率先添加母乳低聚糖 HMO 的产品
直播间活动	直播间特别价格：1. 单罐减 80 元，到手价 295 元（包邮包税），减 80 元方式：直播间发券+找客服发送"直播优惠"领优惠券。2. 买 3 罐免 1 罐，单罐到手价 250 元（包邮包税）免 1 方式：找客服报主播名，了解 3 免 1 的操作流程确认收货后返单罐差价
单罐减 80 元优惠券链接领取	https://taoquan.taobao.com/coupon/unify_Apply.htm?sellerId
引导下单	现在的价格已经是国内所有渠道最低的价格了，宝妈们抓紧开始囤货吧！还在考虑的宝妈也先领个券，收藏加购一下，等要买的时候就可以便宜啦！赶紧进店收藏加购吧

表 5-4 天猫品牌单品直播脚本示例

序号	图片	品牌	产品名称	产地	产品链接	原价	直播间优惠价	到手价	服用方法	产品卖点
1		swisse	玻尿酸水光片30片	澳洲	https://detail.tmall.hk/hk/item.htm?spm=a212k0.1	369	单件×××两件×××	单件30元×××	服用方法：一天3次。一次一粒。随餐服用。16周岁以上可服用。经期可用、孕妇不建议用，不限性别	1. 医美级口服玻尿酸，轻松无痛也方便，口服直达真皮层，不做表面功夫，美丽也吃出来！swisse最爆款，21天吃出水光肌，让你的肌肤会发光，买它 2. 朱正廷代言，OMG李佳琦自用款、宋祖儿和朴惠敏、王子异等众多明星都在小红书推荐。（直播的时候麻烦给粉丝展示一下小红书的相关推荐视频） 3. 适应症：毛孔粗大、皮肤暗黄、干燥脱皮、细纹痘印 4. 功效：长效锁水、延缓衰老、弹润紧致、减少皱纹、渗透全身 5. 四大成分：玻尿酸（肌肤蓄水库）、水解胶原蛋白（弹力修复器）、维生素c/e、铜（肌底保护伞）、维生素a（活力能量站） 6. 适合人群：肌肤缺水、易起皮人群，皮肤缺乏弹性抗初老人群、追求安全美容爱美人士 注意：玻尿酸服用后被人体吸收易产生口渴感，建议多喝水，多喝水有助于吸收，效果更佳，避免睡前服用
直播流程	○主播（开场/分享经历）：…… ○主播（切换镜头/拿出产品）：…… ○主播（切换镜头/对比效果）：…… ○主播（切换镜头/竞品比较）：…… ○主播（切换镜头/比较其他品类）：…… ○主播（推荐产品）：……									

2. 整场直播脚本撰写

整场脚本是对整场直播的脚本编写，在整场直播过程中，需要对直播套路进行一个规划和安排，把控直播节奏。特别注意的是，整场直播大概4～6个小时，中间不会休息，脚本流程需要具体到分钟，在直播脚本中要规划好产品的介绍时间，根据直播时长合理安排直播流程。

整场直播脚本的主要内容如下：

（1）前期准备。主要包括直播预热、直播时间确定、直播标题设置、整场直播利益点确定、人员分工、设备检查、产品梳理等环节。

（2）直播开场。直播开场包括签到环节互动、和粉丝打招呼、自我介绍、引导用户关注等内容，有利于调节直播间氛围。

（3）产品讲解。产品讲解是直播的核心内容，主播首先要提炼出产品的核心利益点，列出产品介绍台词，在直播过程中加以生动真实的语言进行描述。

（4）直播活动介绍。包括对直播间福利介绍、直播环节具体活动介绍等内容。

（5）产品测评。包括现场使用产品，并向粉丝展示产品的使用效果。

（6）粉丝互动。与粉丝进行直播互动，引出直播间活动内容，可以采用问答、抽奖方式设计互动内容。

（7）总结与预告。总结活动时，直播已接近尾声，主播需要再次强调和总结本次直播活动，同时发布下次直播活动预告，引导粉丝关注。

任务实施

陆向民的运营团队准备开通抖音直播带货功能，在"双十一"期间，发起一场直播活动，进行特色农产品直播带货，实现快速涨粉和变现。

1. 任务目标

（1）开通抖音直播带货功能，完成抖音直播带货设置与活动预演。

（2）撰写直播脚本。

2. 任务载体

抖音App、直播工具。

3. 实施步骤

（1）抖音直播带货功能开通操作。

第一步：开通抖音直播带货权限。抖音直播权限分为个人账号和企业账号。个人注册账号后，通过实名认证即可开通直播权限。

但抖音直播带货需要满足以下两个条件：

①已经成功开通商品分享功能。

商品分享功能开通需要同时满足以下三个条件：

粉丝≥1 000人；

实名认证；

发布10个以上的视频。

②抖音账号粉丝数≥200人。

第二步：开通个人实名认证直播权限。进入"抖音短视频"App，打开抖音个人主页面，点击右上角按钮，依次点击"设置""账号与安全""实名认证"，再根据平台要求填写相关信息后，点击"开始认证"，再点击"确认认证"，待收到"申请开通成功"提示后，即可开始个人直播。根据抖音官网《"抖音"用户服务协议》，抖音直播平台的个人直播功能不向未成年人开放。

抖音个人直播权限开通步骤如图 5-45 所示。

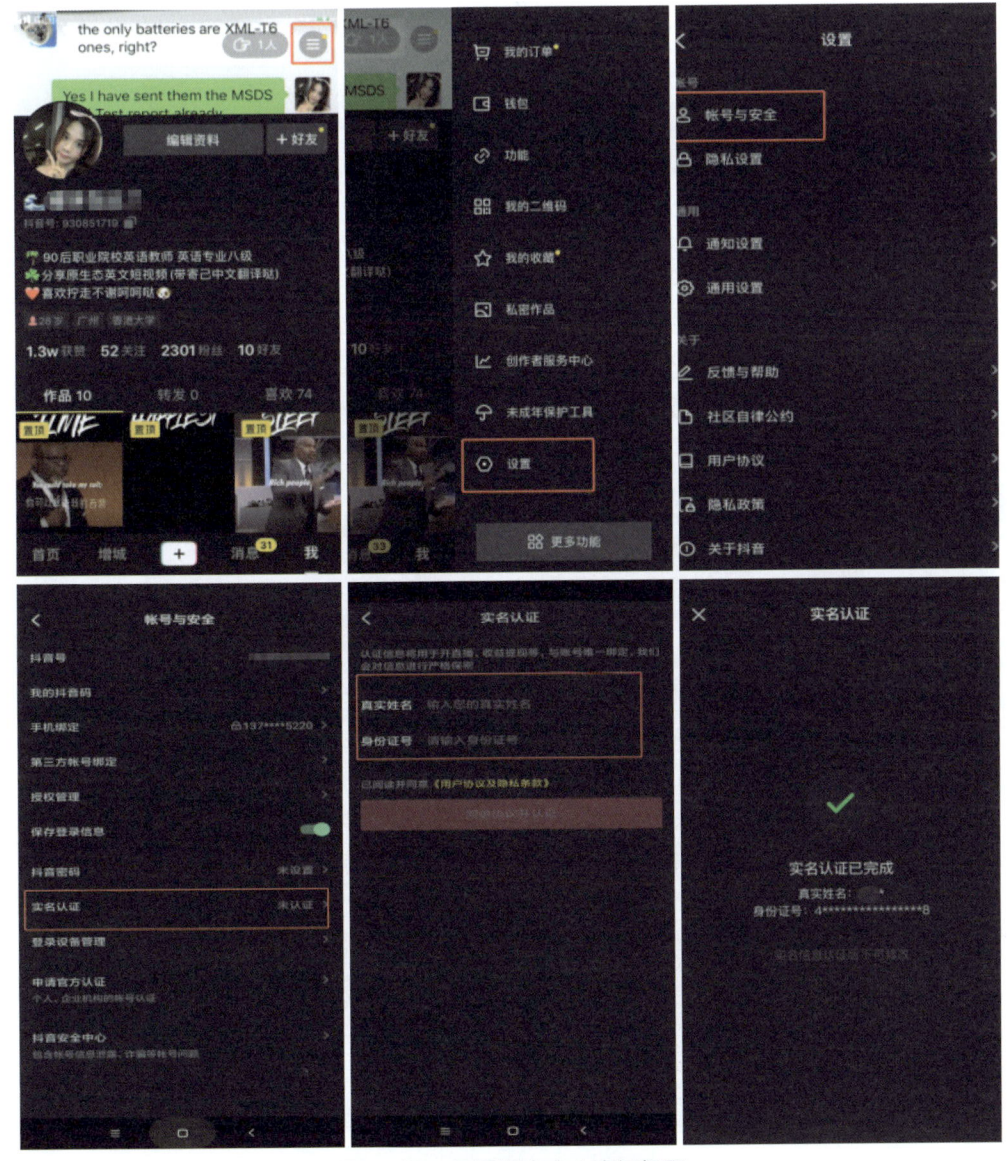

图 5-45　开通抖音个人直播权限

第三步：打开"抖音短视频" App，点击页面最下方的"+"，进入"开始视频直播"页面，如图 5-46 所示。

第四步：开始直播前要设置好封面图、话题、标题、美化、道具等，如图 5-47 所示。

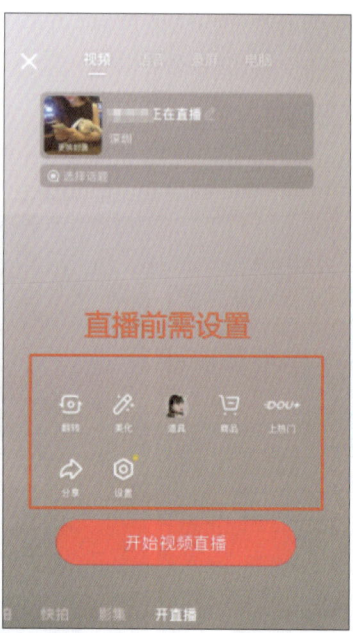

图 5-46　开始视频直播

图 5-47　开播前设置

进入"直播信息",设置封面图,封面图要与直播内容高度匹配。设置的标题和话题要紧扣直播主题,字数控制在 14 个字符以内。主播可以根据自己的状况和直播需求有选择地设置"美化"功能,还可以根据实际情况设置"道具",可以用于活跃直播间气氛,增添直播趣味性。

第五步：开启"商品橱窗"功能。在个人主页面点击右上角按钮，依次点击"设置""创作者服务中心""变现能力""商品橱窗"，输入相关信息后，等待审核结果，如图 5-48 所示。审核通过后，点击直播页面的"商品"，添加商品后，就可以在个人页面进行直播带货了。

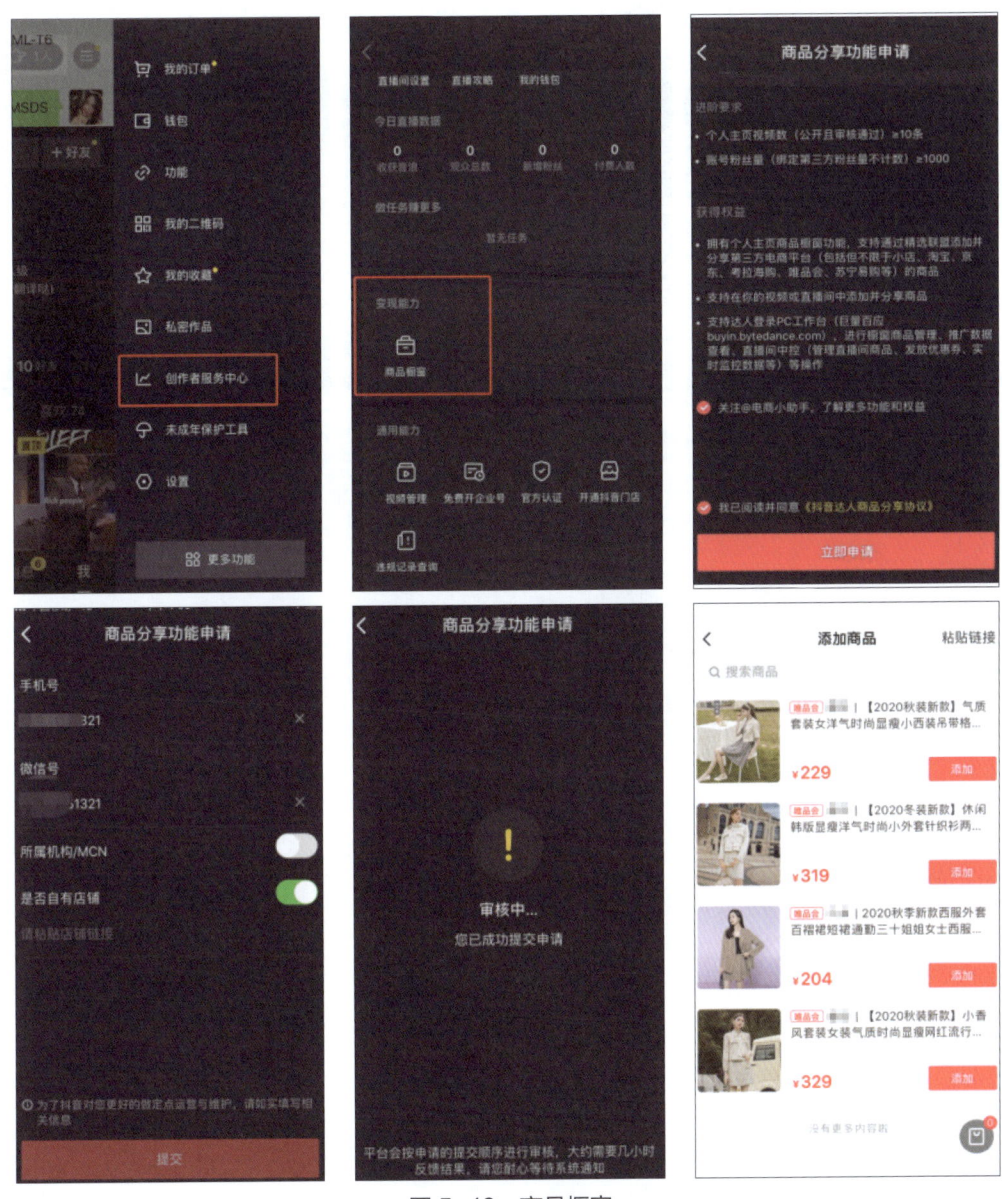

图 5-48　商品橱窗

第六步：如果要结束本场直播，可点击页面右下角"结束"按钮，点击"确定"结束直播，如图 5-49 所示。结束后可以查看本场直播的时长和相关数据，如观众总数、新增粉丝、收货音浪、付费人数、评论人数、点赞次数等，还可以设置下场直播的预告。

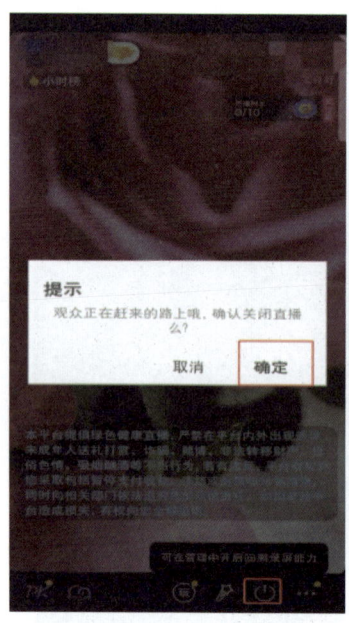

图 5-49　结束直播和复盘数据

（2）制订直播脚本。

第一步：撰写单品直播脚本，完成表 5-5。

表 5-5　单品直播脚本

产品名称及链接	
场景引入	
产品使用感受	
介绍产品	
产品卖点提炼	
直播间活动	
引导下单	

第二步：撰写整场直播脚本，如表 5-6 所示。

表 5-6　整场直播脚本

时间	
地点	
商品数量	
主题	
主播	
场控	
运营	

直播流程简介				
时间	总流程	主播	场控	主推产品/直播间互动玩法
	预热、开场	自我介绍、引入直播品牌 进行产品浏览、优惠机制透出	推送引流	
	讲解产品	讲解产品	优惠券弹窗、直播间公告透出	在直播流程中标黄
	互动玩法	透出直播间活动	把控直播时间	根据直播情况而定
	结束	回顾本场直播款和优惠机制，引导关注		
注意事项	直播间产品讲解+粉丝互动占比			

直播流程					
预热	自我介绍 引入直播品牌 进行产品浏览 优惠机制透出				
话题引入					
产品讲解	产品名称	产品图片	产品卖点	利益点	粉丝答疑
粉丝互动	互动时间节点 互动模式 互动礼品（如果送奖品是否包邮，是否需要下单才送，邮寄是否随订单）				

第三步：按照直播脚本进行直播预演。

1. 完成一场直播带货活动需要哪些工具？
2. 如何打造农产品带货直播间？

农产品社群营销

任务三 百度贴吧推广

学习目标

1. 熟悉百度贴吧的规则。
2. 掌握百度贴吧推广的步骤。
3. 能够在百度贴吧通过植入话题进行用户引流。

情境引入

陆向民注册了百度贴吧,计划在百度贴吧进行社群推广,该如何行动呢?

任务分析

农产品社群营销的引流环节很关键,需要在引流过程中找准大方向,锁定目标群,尽可能呈现垂直化发展。利用百度贴吧进行线上引流也是社群营销常用的方式之一。

百度贴吧

一、通过百度贴吧定位目标客户

百度贴吧拥有超过 10 亿的注册用户,有超过两千多万个帖,如图 5-50 所示,百度贴吧是目前全球最大的中文社区,是社群的集合地,有社群的地方就有营销的价值。

图 5-50 百度贴吧的社群用户大数据

如何在百度贴吧寻找潜在的客户呢？以下的几种方法可供参考。

（一）在与自己产品 / 服务相关度高并且热度高的贴吧中评论

我们可以去人气旺的论坛"抢沙发"（第一个评论）。百度贴吧有不同的类型，不同类型的贴吧中发表的言论务必与贴吧主题相关。

（二）在别人的贴吧中发帖

评论是基于别人发布的帖子上的活动，发帖的内容需要有长期的价值才会吸引到目标客户进来阅读，甚至关注我们成为我们的帖友粉丝。我们在别人的贴吧中发帖，就是进入了别人的地盘活动，稍微不注意（特别是发广告）就会被吧主删除。因此在别人的贴吧发帖时，要遵守贴吧规则，或者不要把广告帖发得非常明显，或者和该贴吧的吧主打好关系，以便自己的发帖之路更加畅通无阻，如图 5-51 所示。

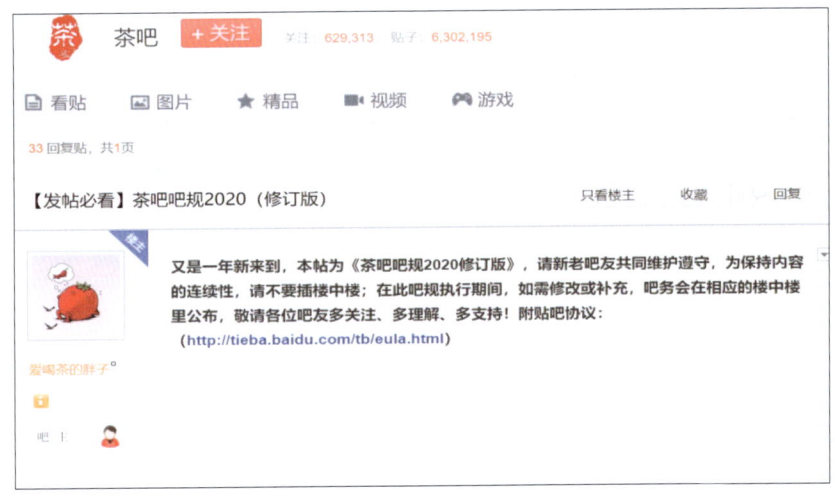

图 5-51　吧主的贴吧主页及其指定的吧规

发帖还可以附加签名档，如图 5-52 所示。贴吧中的签名档就像现实生活中的名片，每个贴吧用户可以设置 5 套签名档。一个优质个性化的签名档可以有效地让目标客户注意到自己。签名档的图片只能引用百度贴吧、百度空间的图片。

图 5-52　百度贴吧个人签名档

（三）成为主题贴吧的吧主

创建自己的主题贴吧并且成为吧主可以光明正大地吸引目标客户。百度贴吧的吧主有两种，一种是吧主，另外一种是小吧主。每个贴吧最多可以设置 3 个吧主和 10 个小吧主。吧主的权限较多，小吧主可以协助大吧主删帖和维持秩序，如图 5-53 所示。

对于别人已经发表过的主题贴吧，在贴吧内拥有个人 ID，并且对所申请的贴吧有一定了解的网友才有权利申请吧主。在已有吧主的贴吧申请做吧主时，需要征得该贴吧现有吧主的同意或推荐。

图 5-53　吧主和小吧主申请

对于尚未有人发表过的主题贴吧，我们可以自行创建，系统审核通过后即可成为该讨论主题的吧主。这种吧主的权利最大，自由度最高。但值得注意的是，创建自己的讨论话题需要用户注册满 3 个月、发言 30 条以上，并且每个月最多创建 2 个，如图 5-54 所示。

图 5-54　创建自己的贴吧讨论主题

二、百度贴吧的规则

进入自己关注的贴吧后,我们都会被冠以不同的头衔或等级,如图 5-55 所示,在社群的活跃度越高、贡献度越多的吧友等级也越高。

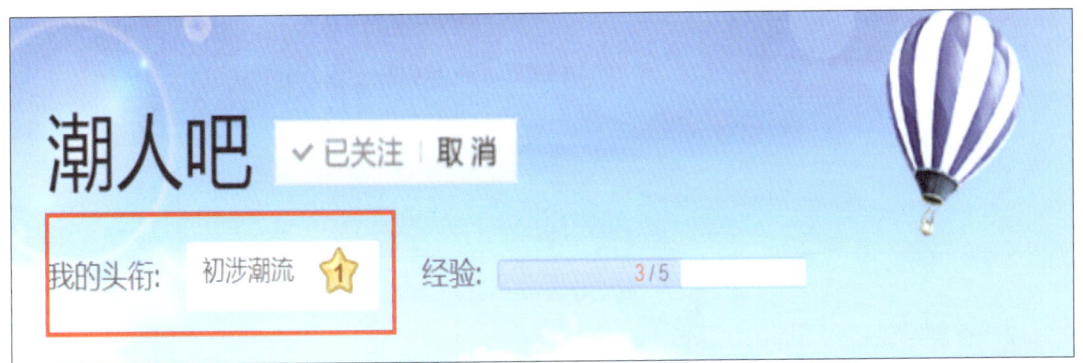

图 5-55　百度贴吧中的头衔和等级

每一个平台都有一定的平台规则,了解平台规则才能掌握推广的方向,并且避免踩雷导致辛苦筹划的帖子的存活率过低甚至导致自己的贴吧账号被删除或者被封禁。

1. 百度贴吧等级和经验值规则

百度贴吧总共有 18 个级别,经验值越多,等级越高。如图 5-56 所示。

级别	所需经验值	级别	所需经验值
1	1	10	2000
2	5	11	3000
3	15	12	6000
4	30	13	10000
5	50	14	18000
6	100	15	30000
7	200	16	60000
8	500	17	100000
9	1000	18	300000

图 5-56　百度贴吧等级与经验值

如何拥有自己的等级呢？首先进入自己感兴趣的贴吧社区，点击"关注"，关注后即可成为这个贴吧的会员，拥有最初级的等级和头衔，便可在这个贴吧进行发帖、回帖等操作，如图 5-57 所示。发帖和回帖可以不断地增加自己的经验值，随着经验值的增加，等级和头衔也相应地提升了。

图 5-57　贴吧等级和经验值的操作步骤

2. 百度贴吧等级和头衔规则

等级和头衔的提升有利于我们在贴吧结交更多志同道合的朋友，并且获取更贴心、更强大的个性化功能服务。百度贴吧共设置 18 个等级及 9 种特权，特权包括等级头衔、免验证码、投诉优先处理、插入音乐、插入视频、语音贴、发起投票、高级表情和涂鸦，如图 5-58 所示。若要在贴吧运营中获得全部特权功能，贴吧用户的等级至少要到 6 级，因此建议贴吧用户每天保持自己在贴吧的活跃度。

图 5-58　百度贴吧等级与特权

3. 升级规则

我们在贴吧头衔的提升取决于经验值的多少。随着经验值的增加，等级与本吧头衔都会提升。经验值的获得由我们在贴吧中的行为决定，那么，怎样才能给自己的账号升级呢？以下行为操作，包括签名、发主题、回复、发投票、投票、主题帖被他人回复，都可以帮助我们获取经验值，如图 5-59 所示。

签到说明

连续签到	PC经验	客户端经验	字体加粗	红色字体	一举擎名
1天	+2	+6	×	×	×
2天	+4	+8	×	×	×
10天	+4	+8	✓	×	×
20天	+4	+8	✓	✓	×
30天	+4	+8	✓	✓	✓

积分说明

行为	规则	累积	PC经验	客户端经验	超级会员经验
发主题		1次	1	3	6
回复	4种行为累积	2-3次	2	6	12
发投票		4-5次	3	-	-
投票		6次以上	4	-	-

优质贴子

发布主题贴		有效回复	奖励经验	每日上限
		1至10	1至2	
		11至15	2至3	
贴子被他人回复：按用户去重，即1个用户对同一个贴子回复N次，仅算作1个有效回复。		16至30	3至6	1000分
		31至50	6至11	
		51至100	11至30	
		大于100	额外加分	

图 5-59 贴吧操作与经验值分配

4．百度贴吧的广告规则

（1）"5+100"数量法则。

每个贴吧账号每天发布的广告贴最多是 5 条，历史发布广告贴的总数不能超过 100 条。

（2）"30"相似法则。

每天所有吧内相似内容的广告帖，不得大于 30 条。即使更换账号，只要发布相似内容超过 30 条，若百度判断是同一台手机 ID 发出来的，也会被判违规操作。

（3）"10"关联性法则。

不能在贴吧中发布与贴吧主题和类目不相关的广告帖，在相关吧内广告帖不能超过 10 条。

如果违反上述任一规定，都会被系统处理删贴，行为严重者还会被封禁，因此呼吁各位吧友都要严格遵守贴吧规则，才能在贴吧推广的道路上走得更加顺畅。

5．侵权举报规则

为了进一步净化贴吧环境，创造干净的贴吧平台，百度贴吧推出举报功能，用户可以通过举报功能，举报、投诉在贴吧中的侵权行为或者不良信息。侵权投诉包括个人/企业侵权、版权侵权，而不良信息举报是对色情、赌博、违法、广告、诈骗等有害垃圾信息的举报。

举报贴子方法：http://tieba.baidu.com/p/5516633944。

举报人方法：http://tieba.baidu.com/p/5487358327。

以上规则摘自贴吧意见反馈吧，关注这一帖，可以获得更多详细信息。如图 5-60 所示。

图 5-60　贴吧意见反馈吧

三、百度贴吧推广的步骤

第一步：定位。

首先要给自己定位一个人设和确认自己的贴吧主题。可以参考人气高的贴吧的装修风格，再根据自己的贴吧的主题进行自己的个性化装修。

第二步：创建和装修贴吧主页。

贴吧的主页内容包括名称、头像、招牌、简介。主页的创建和装修能够让对贴吧主题感兴趣的吧友一进入主页，就知道我们的产品类目，并且进一步拉近我们和吧友的距离。

贴吧的主页包括讨论主题的主页和个人主页。

讨论贴吧的主题根据我们的主营产品定，头像最好设置为和我们计划推广的产品和服务相关的头像，招牌可以展示我们计划推广的产品的类目或者产品的卖点等，然后用一句话简要介绍贴吧的讨论主题，如图 5-61 所示。

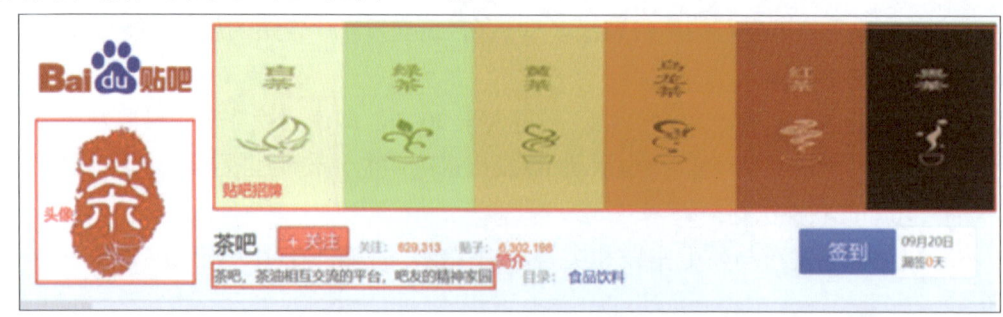

图 5-61　贴吧讨论主题的主页

贴吧个人主页的装修主要是个人昵称和头像的设置。个人昵称可以设置得官方一些，比如我是卖茶叶的，可以设置为"雅安茗茶"，如图 5-62 所示。也可以随意个性一些。

图 5-62　贴吧个人主页

对于个人主页的装饰，我们还可以在贴吧商城购买 T 豆（T 豆是百度贴吧的虚拟货币，可以在贴吧商城购买个性化道具，也可以用来赠送礼物给贴友）。

第三步：增加经验值，提升操作功能。

在百度贴吧的签到板块里会显示贴吧的排名和当天人数信息，点击本吧排名这一栏里面的蓝色数字，就会进入到以下界面，如图 5-63 所示。

图 5-63　本吧牛人排行榜

另外，可以参考前面的升级规则，保证自己每天在贴吧的活动，尽可能地给自己的账号升级。

第四步：构思一个有吸引力的标题。

标题在一个成功的帖子中占据核心的地位，标题写不好，再好的内容都没人点击查看。发帖子时，要把60%以上的时间用来构思标题，40%的时间用来写内容。标题要利用人性的两大弱点：好奇心和贪婪心，让每一个人看到都无法抗拒，立刻有想点的冲动。

第五步：发帖，策划有阅读价值的内容。

例如可以从分享大蒜对人体健康的影响，或者大蒜的烹饪方式。

内容帖大致可以分为4个类型：直接型、分享型、故事型、趁热打铁型。

直接型的内容帖就是开门见山地给吧友介绍产品的各个方面。分享型就是通过分享干货知识，来吸引吧友继续往下阅读，比如卖护肤品的，可以分享护肤知识；做线上瑜伽培训服务的，可以分享瑜伽教学方法等。故事型就是创造与推广的产品或者服务有趣味性的故事。趁热打铁型就是借助贴吧每小时更新的热议话题将自己的产品、服务进行回炉再造，生成自己的贴吧内容。

第六步：小号及多平台助力。

发帖难免会遇到冷场现象。这个时候可以利用自己的小号或者邀请朋友的小号，在发帖的下方进行评论，或者回复别人的评论，这样可以起到很好的暖场作用，同时可以增加帖子的流量。

同时，可以通过一键分享功能，把发的帖一键分享到微信、QQ等社交媒体，进一步扩大贴吧论坛推广的力度。

第七步：回帖。

最后，要及时回复楼区（评论区）的评论，必要时可以利用小号装作吧友询问自己的联系方式或者产品地下单链接或者二维码，这样自然而然地就在楼区留下了联系方式和产品信息，从而更好地留存粉丝，并且加强与吧友粉丝的黏性。

任务实施

陆向民村长发现在贴吧及时回帖、植入话题热门话题是推广农产品常用的引流方法，可以提升社群推广效率，更好地引流吸粉。刚好村里的大蒜开始销售了，他想在百度贴吧植入农家大蒜的话题来推广自产大蒜。请根据以上知识完成以下任务目标。

1．任务目标

农家大蒜贴吧推广。

2．任务载体

百度贴吧账号、贴吧文案。

3．实施步骤

第一步：创建个人主页和创建"大蒜吧"。

创建"大蒜吧"成为贴吧讨论主题吧主，装修个人主页和贴吧主页撰写贴吧简介：大蒜行业最好的交流平台，如图5-64所示。若此贴吧已存在，则直接进入贴吧主页，进入下一步。

图 5-64　大蒜吧主页

第二步：撰写个性化标题。

这个标题看起来比较普通，但是突出了自己种的农家大蒜，并且通过问句的形式展现出一种在摆摊吆喝的感觉，如图 5-65 所示。

图 5-65　大蒜推广个性化标题撰写示范

第三步：撰写有阅读价值的干货。

在这里采用直接型方法简明扼要撰写帖子的核心内容，突出农家自产、物美价廉的销售卖点，并留下联系电话（二维码、链接等信息），让有意向的客户可以联系到我们进一步咨询，如图 5-66 所示。

图 5-66　大蒜推广内容撰写示范

第四步：小号助力。

运用多个小号给自己增加人气，并且自然而然地留下自己的联系方式。如图 5-67 所示。

图 5-67 小号助力示范

第五步：引流到自己其他社交媒体账号。

点击进入自己发布的帖子页面，点击右边的分享按钮，即可分享到其他社交平台，进一步引流其他社交媒体中的粉丝，如图 5-68 所示。

图 5-68 引流到自己其他社交媒体账号示范

第六步：回帖和私信。

如果有吧友在楼区评论，需要及时回帖，保持与粉丝的互动。然后，可以点击用户头像下方的昵称，直接私信用户，从而加快订单的转化。如图 5-69 所示。

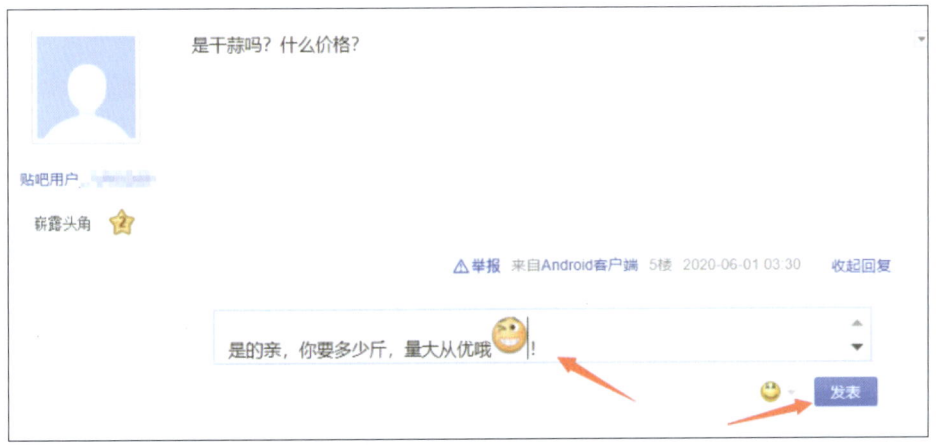

图 5-69　回帖和私信示范

思考与练习

1. 列出百度贴吧社群推广的步骤。
2. 思考：如何在百度贴吧中植入农产品话题进行推广。

任务四 社群众筹变现

学习目标

1. 了解社群变现的含义及途径。
2. 掌握众筹网的注册流程。
3. 掌握追梦筹的入驻和发起流程。

情境引入

陆向民的运营团队发现单靠自身力量推广农产品的变现效果有限，他在思考：有没有一种方法可以凝聚目标社群的力量一起参与变现，实现变现翻倍呢？

任务分析

可以从社群的利益出发，通过知识变现或者众筹的方式，让社群从买家变为知识获取者或者合伙人，激活社群的主观能动性。

<h3 style="text-align:center">社群众筹变现途径</h3>

一、变现的途径及其含义

根据途径，变现可以分为直接变现和间接变现。除了直接推售产品变现，当前还兴起了2种模式的间接变现：知识付费变现模式和创新型的众筹模式。

（一）知识付费变现

相关资料有云："知识付费，主要指知识的接收者为所阅览知识付出资金的现象。知识付费让知识的获得者间接向知识的传播者与筛选者给予报酬"。当前使用知识付费的平台有很多，包括微博、千聊讲师、抖音、喜马拉雅FM等，如图5-70所示。

图 5-70　知识付费平台

（二）众筹模式

众筹，即大众筹资（图 5-71），是指用"团购+预购"的形式，向网友募集项目资金的模式。众筹利用互联网和社交软件传播的特性，让小企业、艺术家或个人对公众展示他们的创意，争取大家的关注和支持，进而获得所需要的资金援助。

相对于传统的融资方式，众筹更为开放，获得资金也不再以项目的商业价值为唯一标准。只要是网友喜欢的项目，都可以通过众筹方式获得项目启动的第一笔资金，为更多小本经营或创作的人提供无限的可能。

图 5-71　大众筹资

（三）追梦筹

追梦筹是一个简单、方便、快捷的筹款工具，如图 5-72 所示。当我们有一个想法，需要资金，可以快速发起一个筹款，然后分享到社交平台去获得支持。我们可以和支持者们互动，还可以提供一些有意思的回报来获取更多支持。筹集资金，寻找兴趣，赞助打赏，结交朋友，追梦筹致力于为有理想的人实现梦想提供最高效的服务。

图 5-72　追梦筹

追梦筹有以下三点特色：

（1）项目可以按照设定的时间结束，也可以提前结束，结束后即可提现。

（2）根据广大用户反馈，追梦筹不要求必须达到筹款目标才算筹款成功，追梦筹收取筹款总金额 4.2% 的服务费率，其中 1% 为微信和支付宝收取的支付费率，3.2% 为平台服务费率。

（3）提现只需要输入银行卡或者支付宝账号，提现金额三个工作日内到账，注意周末等国家法定节假日不属于工作日。

以下是追梦筹的入驻和发起流程：

第一步：打开手机应用商城，输入"追梦筹"，如图 5-73 所示，点击下载到手机桌面后,点开 App,绑定微信或者 QQ 自动登录。

图 5-73 下载"追梦筹"App

第二步:点击屏幕右下方"我的",点击"账号认证",填写和提交相关信息,如图 5-74 所示,点击"提交认证"后,等待几分钟就可以审核通过。

图 5-74 完成账号认证

第三步：点击屏幕左下方的"首页"，在点击屏幕右上方的"＋"，如图 5-75 所示。

图 5-75　发起筹款操作

第四步：按要求填写好相关信息，点击"开始筹款"，如图 5-76 所示，就可以发起筹款了。

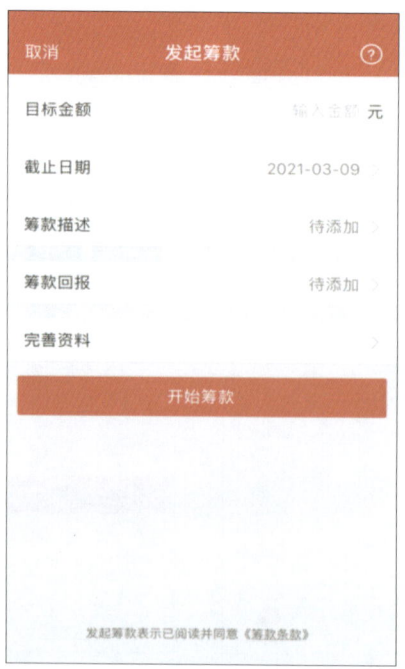

图 5-76　完善信息

项目五 社群推广与变现

任务实施

陆向民的运营团队准备开展"认领一颗增城荔枝树"的众筹活动，请结合本任务背景和"阅读资料"，完成以下任务。

1．任务目标

通过众筹网众筹 5 万元每人认领一颗增城荔枝树。

2．任务载体

追梦筹 App。

3．实施步骤

第一步：在手机应用商场下载追梦筹 App 并使用微信绑定登录。

第二步：进入追梦筹 App，点击"我的"，填写和提交个人资料，完成认证。

第三步：点击屏幕左下方的"首页"，再点击屏幕右上方的"＋"。

第四步：按要求填写好相关信息，如图 5-77 所示，点击"保存"，点击"开始筹款"。

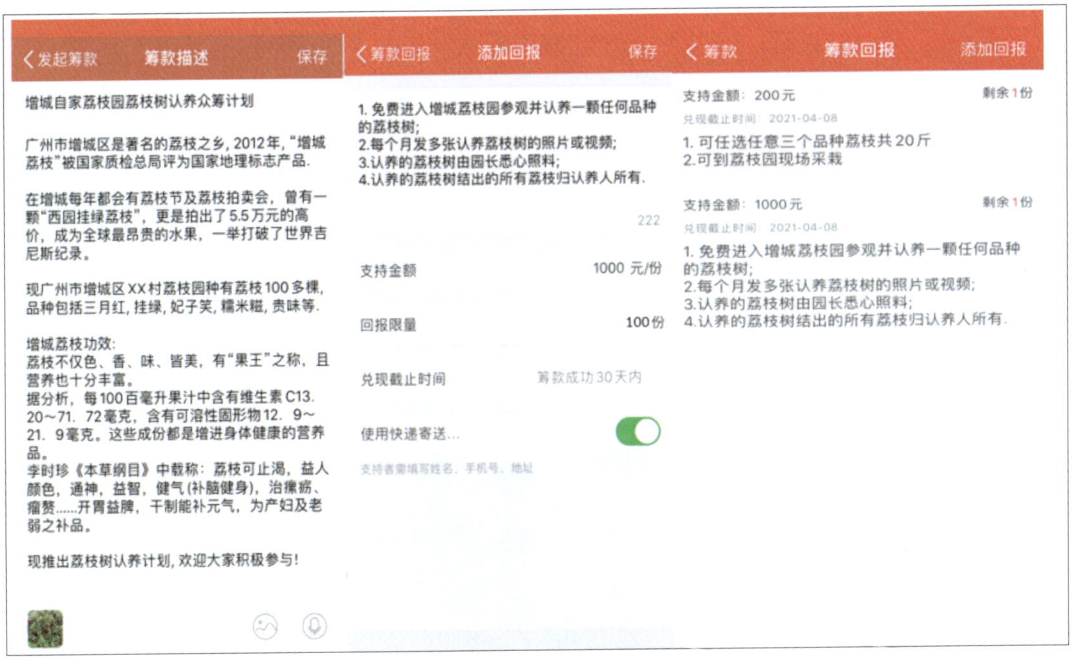

图 5-77　完善信息

第五步：点击"分享筹款"，如图 5-78 所示。多渠道分享众筹到社交媒体，以更大幅度促进变现。

图 5-78 分享筹款

第六步：筹款结束后，点击"提现"，获得筹款，如图 5-79 所示。

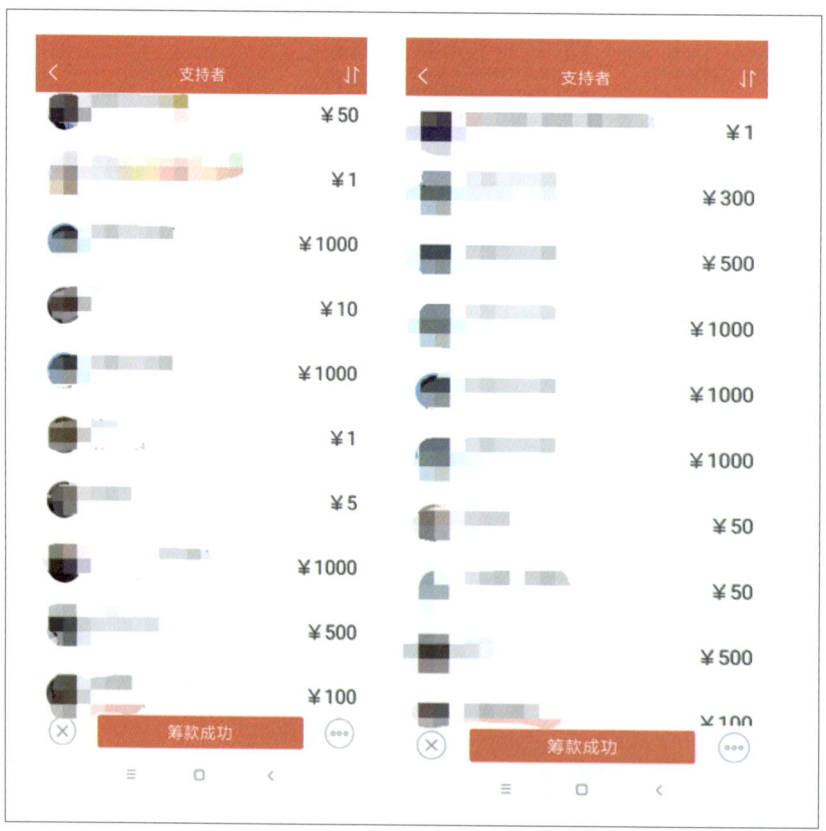

图 5-79 获得筹款

> 阅读资料

认养一头牛：创新变现模式实现破局，打破消费者固有观念

大家可能都听过"每天一杯奶，强健中国人"，也听过"牛奶我只喝特仑苏"。那你听过"认养一头牛"吗？在乳制品行业中，如果要说新晋的黑马，就不得不提"认养一头牛"，如图5-80所示。该品牌以极快的速度在乳制品行业脱颖而出。

"认养一头牛"成立于2016年，成立之初就十分具有话题性，一度引起网友们的热议。"认养一头牛"具有的可不只是话题性，还有出色的销量，根据天猫官方发布的《2020年天猫6·18乳饮冰总战报》，"6·18"活动期间，"认养一头牛"的品牌整体成交同比增速超600%，旗舰店成交登顶行业TOP1，其中奶卡预售成交400万盒。

"认养一头牛"做出这么优秀的成绩，背后的商业依靠是什么？

一、讲品牌故事

目前为止，"认养一头牛"已经拥有2 000万用户群体，其中还包含500万的VIP会员。很难相信这是一家2018年才刚刚成立的公司，短短两年的时间其销量已经突破15亿，入选了天猫急速破亿新国货品牌，实现了好多人的"小目标"，成为当今乳制品行业的后起之秀。

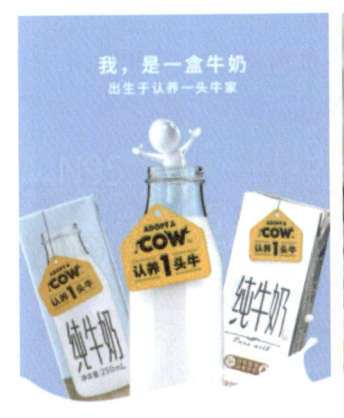 

图5-80 "认养一头牛"品牌

说起乳制品行业，相信很多人都知道2008年时，中国乳制品市场出现过一些不小的问题，导致很多消费者和中国乳制品制造商之间产生了信任危机，越来越多的人选择进口奶粉，花高昂的价格只为喝上一口"放心奶"。

"认养一头牛"斥4.6亿元巨资在河北建立了属于"认养一头牛"的现代化牧场，如图5-81所示，并且从澳洲引进了6 000头纯种荷斯坦进口奶牛，还购买了来自于瑞典的专业挤奶设备，就连奶牛平时吃的饲料都是从澳大利亚进口的苜蓿草和燕麦，每头牛每天的饲料费高达80元。除了设备上的优质，在产品生产技术上"认养一头牛"也采用了高于欧盟的标准。

图 5-81　现代化牧场

这样的品牌故事具有丰富的话题性和传播点,也正是打通消费者心智的最佳捷径。同时,随着现如今消费的升级,很多消费者也非常乐意为这样的高品质的产品买单。

二、建立认养模式产品生产透明化

消费者对国内乳制品行业最担心的一点还是产品安全问题,自从 2008 年中国乳品行业深陷信任危机,乳制品行业中各个品牌也都在做着努力,想要打破消费者的固有印象,但也进入了相对固化的阶段。

而这时的"认养一头牛",瞄准了产品质量安全这一痛点,创建了前所未闻的认养奶牛模式。

其品牌的认养模式是将牧场奶源、生产制造、物流供应链等多个环节与消费者进行连接与互动,实现全部公开化、透明化。这一政策完美地解决了传统模式里品牌生产链信息不透明的行业痛点。

另一方面品牌方也希望通过这种模式增强与消费者的互动,提升消费者的参与感,真正恢复并提升消费者对中国乳制品企业的信任度。

"认养一头牛"在 2020 年 5 月底发起了"百万家庭认养计划",它以"喝牛奶,不如认养一头牛"为话题,正式向消费者们推出了认养模式。"认养一头牛"联合创始人孙仕军在发布会现场也对认养模式进行了介绍:

第一种模式是云认养:这是一种线上的养成类互动游戏,消费者可以通过淘宝和微信小程序参与游戏,轻松体验 5G 时代的云养牛乐趣。在线上你可以直接认养奶牛随后进行奶牛养成、挤奶互动、牛奶兑换等,还可以收到牧场的动态及直播。

第二种模式是联名认养:其品牌联合了吴晓波频道、敦煌 IP 等推出了联名认养卡,消费者可以通过购买季卡、半年卡、年卡等获得联名认养权,而后就能够定期享受新鲜产品直送到家的服务，同时还可享有主题型会员定制权益。

第三种模式是实名认养：这个模式就是让你成为实打实的养牛合伙人，选择这个模式的消费者可以在专供牧场提前一年预定牛奶，并且奶牛的名字也由最高等级的会员决定，"认养一头牛"也会定期向会员反馈奶牛的照片和各项生长数据，简直就是线下养成游戏。

除了正式推出认养模式，其品牌为了更好地贯彻认养模式，特地打造了"透明化"牧场。消费者可以24小时看到牧场的现场直播，如图5-82所示，还可以直接到牧场参与认养奶牛、亲子游等活动，甚至可以通过数字化、智能化的技术手段，真正享受看得见的饲养、看得见的生产、看得见的配送等产品和服务。

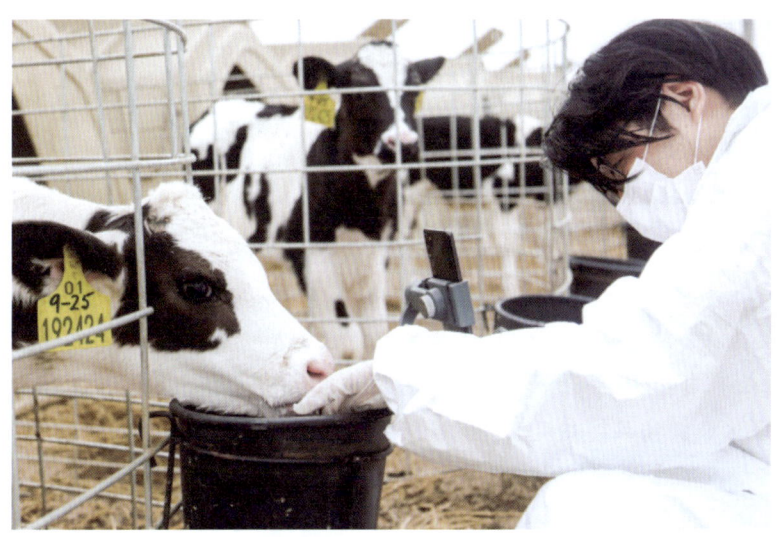

图 5-82　牧场的现场直播

而这一模式创新，也让"认养一头牛"彻底打破了消费者对乳制品行业的固有印象，改善了消费者与品牌之间不信任的心理，并在乳制品行业取得了成功。

上述所说都属于"认养一头牛"自身的产品优势，但是在当下的市场单单借助优秀的产品还不足以支撑一个企业在市场中被消费者追捧，"认养一头牛"之所以能火爆市场，也离不开其优秀的营销方式。"认养一头牛"优秀的营销方式也值得很多企业去学习借鉴。

三、优秀营销品牌"出圈"

1. 多渠道推广打造强曝光

"认养一头牛"的多生态布局做得十分出色。其品牌的受众面是不受限的，不论性别、年龄，它对男女老少来说都是刚需（图5-83），这就使得渠道变得十分广泛，"认养一头牛"在微博、小红书、哔哩哔哩（B站）、头条、知乎、抖音等平台均投放广告，来进行消费者引流，成功了打造了多生态布局。

图 5-83 "认养一头牛"品牌

其品牌联合创始人孙仕军就曾表示，认养一头牛成功破圈主要依靠于两波流量，第一波流量红利来自以公众号为代表的自媒体，它们使品牌产品匹配到了更精准的消费人群。第二波流量红利来自 2019 年开始大火的直播及内容种草平台。

2．跨界联名、提高品牌热度

大家应该都不陌生跨界联名，很多品牌现在都青睐这种玩法，强强联合、用户共享，谁都知道品牌跨界联合可不是 1+1=2 那么简单，"认养一头牛"不出例外也进行了跨界联合。

认养一头牛在直播领域，与肯德基、珀莱雅、维达纸巾等行业大牌分别进行合作，用流量共享、产品互推的方式融合势能。在这样高强度的品牌联合下，话题度必然不小。

除了直播连麦，联名产品自然是少不了，就如"认养一头牛"与王饱饱麦片联名推出了早餐大礼包，还有刚刚提到的与敦煌 IP 联名推出的认养卡。如果说与王饱饱联名是为了在消费者心中留下健康饮食的形象，同时扩大产品使用场景，那与敦煌 IP 联合就是为了赋予品牌自身更深厚的文化内涵，迎合如今年轻人所追捧的古风潮流，强化新消费新国货的品牌印象。

乳制品市场的迭代速度在加快，很多此前卖得很好的产品都逐渐走向落寞，新兴品牌则层出不穷，这种情况下，品牌应当向认养一头牛学习，瞄准消费者痛点进行创新突破，这样即使面对领先品牌，也可以从中突出重围。

项目六
社群营销关系维护与法律遵循

　　四川某公司在内部培训时以"建立持续信任,维护社群关系"为题,阐述社群关系维护的要点。社群是一个公开场合,是基于法律法规的言论高度自由的场合,并且每个人都可以在一瞬间将自己的感受传递给成百上千人。虽说有群主和管理员对社群进行管理,但是社群内很多舆论消息是很难控制的。所以,面对社群的管理,社群运营者一方面要"抬头看天,对准方向"通过一次次的活动和措施推动社群发展;另一方面,更要注意"低头看路,保持清醒",随时识别和排除社群危机。培训总结了预防社群危机的四个办法:

　　(1)每周或每月举办一次"我要吐槽"活动,让成员充分吐槽自己心中的抱怨和不满,这些吐槽的内容就是我们在运营社群过程中需要改进的。

　　(2)定期进行问卷调查。并不是所有的成员都愿意参加"我要吐槽",我们可以定期制作问卷调查,把一些"我要吐槽",或者我们发现的社群问题罗列出来,让社群用户选择和评价。

　　(3)设置接收投诉的微信客服号。固定式接收投诉的微信客服号是必不可少的,就像很多公司就会有客服,是一个道理。相比以上两点,设置客服能让社群成员更加及时地找到反映问题和感受的途径。

　　(4)组建持续改进小组。可以邀请一些典型的、活跃的社群成员,组建一个社群持续改进小组,社群成员最了解社群成员,给一定的管理权限,让他们自己管理自己,提高社群成员的参与感和主人翁心态。

　　及时健全社群危机预警、消除机制,为社群成员提供有效发泄渠道、让其内心的问题可以及时得到反馈和解决。一方面这些措施能缓解社群成员激动的情绪,防止成员冲突或流失,增强社群黏性,另一方面,运营者能够及时发现社群问题并改正。

农产品社群营销

任务一　社群营销关系维护

学习目标

1. 了解社群营销关系维护的必要性。
2. 认识社群营销关系维护中的误区并在实践活动中主动纠偏。
3. 了解并应用社群营销关系维护的策略，能动地促进社群关系的良性发展。

情境引入

对于一个具有营销功能的社群运营者而言，主要的工作便是进行社群的日常运营和维护。一个社群，如果不加以维护，一般会经历从建群、聊天、广告泛滥这三个阶段；如不注意纠偏，很快便走向死寂。因而，需要通过采取有效策略，运用各种方式和手段维持社群营销的生命力，以此来达到期望的社群营销结果。王爱国参与了社区的一个社区志愿者服务群，由于经常登录并和群友聊天，还能经常参加线下志愿者服务活动，重点维护主要交通路口的交通秩序，逐渐成为群核心成员。一年后，王爱国发现群成员数量不仅没有增加反而减少了不少。王爱国经过咨询、案例分析，结合自己所在社群建设的经历，大胆地提出一份社群营销关系维护和拓展的建议书。

任务分析

一个完整的实体店社群，需要完成六大环节：社群定位—产品策略—流量设计—社群运营—活动变现—顾客裂变。王爱国着重了解社群运营，而运营的重点包括社群营销关系的维护。商家要想搭建社群，取得大众的信任和留存，就需要从社群多方面着手，让群成员有归属感。什么样的粉丝才真正愿意留存在社群里呢？当然是对社群认同度高的才愿意留存。比如商家创建社群的文化理念就是轻松购物，让大家能够享受便捷的购物模式，解决粉丝没时间到店购买，没时间交各种费用的问题。这样一个生活性很强的社群营销文化，当然让人很容易接受。因此王爱国认为商家要想搞好社群，做好社群维护，就必须要避开雷区，掌握一些技巧，帮助群在市场竞争中取得成功。

社群营销关系构建与维护

社群营销关系是在社群营销服务实践过程中基于营销的主动意识逐步建立起来的，关系建立的过程就是开拓、创业的过程，也是实现营销目标的过程。说到底，社群营销关系的建立就是关系营销的创新实践，它同样把营销活动看成是一个社群与消费者、供应商、分销商、竞争者及其他公众发生互动作用的过程，其目标是营销，其终极核心是建立和发展与这些公众的良好关系。

要想巩固社群营销的成果，强化社群的信息传递和社群的纽带作用，进一步开拓社群营销市场，社群营销关系的维护已经成为决定社群营销成败的关键因素。

一、社群营销关系维护的误区

（一）重建群轻定位

有人总结品牌社群的建立主要为三步：定位、流量、朋友圈，只要把每一步做到极致，成交便指日可待。就社群建设而言，此认识也不无道理。这里突出一个关键词就是定位。

阅读资料

"百词斩"的定位

"百词斩"是一个英语阅读训练营的微信群，入群需要付费。社群组建时间不长，但对入群的学员来说却产生了一定的价值，参群的学员反映有两点：其一，在群体的相互影响下，促进个体完成目标，因为每天群里都有互动，没人愿意落后；其二，改变了人们对英语学习的看法，群友不再是以应试的方式去学习英语，而是用生活的方式学习英语，更注重培养对英语的兴趣。

这个群的定位有一定特色，就是吸引有一定英语基础的人、有进一步学习志趣的同好者入群，阶段目标明确，通过组织共同学习、提供一定的服务收取一定的费用：

（1）将一众有着100天阅读完3本英文书这一共同目标的人聚合在一起，设立较为完善的群规，并且告知用户这个群能够为大家带来的服务；

（2）提供的一项较为重要的服务就是答疑，大家可以把看不懂的句子发到群里，群主答疑。群主还很聪明地调动群里其他的成员帮忙解答问题，调动了大家的积极性，促进了共同学习；

（3）提供额外的服务，每天为大家推荐一首英文歌，让学习形式更加丰富。

从案例中可以看出，这个这群不大，但群主的定位和方向非常明确，组织形式也有一定的吸引力。这一社群从基础做起，未来一定有成长的空间。

社群定位有专业和内涵要求。决定定位的关键性因素有三个：专业、热爱和市场。专业是基础，没有专业，一切都等于零，因为不具备给别人提供价值的能力，也无从变现；热爱是动能，因为热爱，在社群里你有个人的意愿，可以轻松地做你喜欢的事情，而且能长期坚持下去；市场是接受程度的验证，没有市场就没有客户愿意参加，没有客户愿意长期在群，没有客户愿意去买单。

（二）重开发轻培育

社群本身结构松散，以交流、分享、兴趣、利益主导。创建社群和在社群中构建知名度和美誉度是一个艰难的过程，深度社群营销中的关系维护，不仅要重视社群的开发、氛围的营造，更要重视社群的培育。

单靠资本的"狂轰滥炸"和"撒钞票"难以可持续发展，更难构建长期而稳定的社群营销关系。任何社会组织或个人创建社群，开展诸如宣传、营销、分享等活动，都不能忘记创建社群的"初心"是什么和为什么，因为这是社群行动的出发点。培育社群营销关系的聚焦点在于建立和发展良好的关系。社群的创建和组织者应有培育社群的主动意识，既关注自己的产品、销售及市场受关注程度，也要对经销商信息、竞争对手信息、消费者信息做及时、准确的了解。否则，对市场、对社群的反应永远慢半拍，无法预知社群的变化，造成社群成员的松散或退群，削弱前期创群投入的质量和价值。

体验过麦当劳、肯德基、必胜客的细心的人可能会发现，他们有一个共同的特点，即在区域（或社区）服务方面下大功夫，在美食、环境、服务、满意度等方面不断努力，用特色服务和本土化的行动吸引不同年龄段的消费者，培育市场，通过卡券、公众号、优惠券、欢乐生日活动、投诉处理等锁定目标顾客，稳定消费者。可以说他们都在通过社群不动声色地进行营销和推广，通过消费体验潜移默化地争夺消费者。

阅读资料

黑马社群起家与培育实例

黑马社群以创业家杂志的媒体起家，以媒体为连接手段，聚焦将信息革命浪潮中萌生出来的一群创业者连接起来，形成了一个以创业者为主体的社群，经过对这个社群的不断深度运营和经营，让社群中的主体充分交互连接，发生关系，包括社群成员与社群组织，社群成员之间的充分连接，形成了较强的黏性，从而日益稳固这个社群。

目前，黑马社群已经针对社群组织进行了产品服务的开发，主要围绕企业营销传播、知识培训教育、创业园区运营、创业投资服务等几个主业展开，对于创业项目的营销传播，包括线上的传播，线下的活动营销；知识培训体系包括日常的大会、课堂、讲座及实验室等产品，形成了比较全面系统的创新创业教育体系，俨然成了一个教育集团；而围绕创业园区运营和创业投资服务正在逐渐成熟，一方面形成其落地的支点，另一方面能够通过资本手段的服务，增加社群的黏性。

总体来说，黑马社群是一个用户定位清晰，发展稳健，目前处在上升期，已经完成整个商业闭环实验的成熟社群，具有一定的标杆属性。

培育社群需要更多的时间、精力甚至经费的投入，经过一段时间的运营，社群还可以成为深具特定市场特征的组织，甚至有的社群成为培育社会组织的基础，尤其是在城市社区、农村社区、产业社区（工业园区）和居民社区等。

（三）重营销轻价值

社群的核心价值是什么？社群的内核就是社群的价值观与文化，它是社群的标签与象征，也是吸引社群成员加入的主要动力，社群之所以能够形成，是因为这群人有着共同的追求、共同的语言、共同的个性与生活方式。明确了这些，社区培育的着力点就更清晰。

在现实生活中，由于电子商务的普及和持续的热度，社群的建设同样蓬勃兴起。但是，人们也不难发现，很多群由于不善维护和经营，吸引力减退，经费投入渐无，活跃度逐渐降低，凝聚力逐渐减弱，甚至有一些难以为继。之所以会这样，是因为群是由松散的个体发展成松散的群体，再到有活力与凝聚力的社群。然而，无论是血缘群体、地缘群体、业缘群体、趣缘群体或志缘群体，都有其核心要义和价值。

社群经济的核心是具有生产力效力的集体行动力。这种生产力可表现为创造产品（实体产品或虚拟产品）、创造口碑和消费、创造文化等各个方面。面向社群经济目标的运营，也有可能使得社群本身变成"一种产品，它具有声誉、信任和传播影响力等无形价值，能够置换经济资本或创造出有形的经济价值"。这也是社群消费力和价值的另一种表现。

因此，社群的培育重在社群的核心价值、商品质量、服务品质，时刻关注社群消费者的满意度和获得感。没有社群的核心机制、共同愿望、优质服务，就没有社群的凝聚力和需求欲望。要将相对松散的同业、非同业人群变为社群，并使社群力量转化为消费力量，除了成员间兴趣、目标的趋同外，利益的驱动对于人群的集结和持续互动乃至集体行动，也是重要的。这种利益，既体现为共同目标下的集体利益，也体现为个体需求与私人利益，具体而言就是价值的趋同，社群成员间的相互支持，资源互补，也可以实现集体与个体利益的双重收获。在集体利益与个体利益的双重驱动下，社群成员会有更强的动力全方位贡献自己的能量，即进行智力、行动力、社会资源等方面的投入。

（四）重推广轻服务

早期的网络社群都是非营利性的，但社群经济恰恰是要将社群带向"盈利性"目标。市场经济时代，社群的运营最终目的转向市场化，趋利、盈利成为多数社群的追求，于是高频次、大容量的推广成为常态。甚至有的群每天硬推销、软文推广、微信发送、抖音传播、熟人介绍等，各种手段"狂轰滥炸"。而对于社群营销的产品回馈、商品价值及消费感受回应的不多，原来贴心、暖心、同好的群变成了一个"网络市场"。社群运营者忘掉了从"社群"到"经济"的动力主要包括利益驱动、关系驱动和文化驱动等因素，重推广、轻服务，重"经济"、轻"群情"。

社群的服务还有一特定的内容，就是群需要为个体的自我需求的满足提供空间。国内有研究者通过对网络社群成员所发的帖子进行分析，指出网络品牌社群参与的需求可分为五个层次：

（1）功能性需求（信息、技术、财务等）。

（2）自我表现需求（认同、归属、分享）。

(3) 社交需求（联系、娱乐、情感释放等）。

(4) 尊重需求（权力、责任等）。

(5) 自我实现需求。

这个研究中的需求分层在一定程度上借鉴了马斯洛的需求层次理论。其研究表明，人们参与品牌营销类社群的动因，不仅仅是基于品牌的认同，其深层基础还是自我需求的满足。对于与社群经济相关的其他社群来说，也是如此。总体来看，就像其他新媒体应用一样，社群对个体利益的满足主要包括信息、社交与情感、自我表达、娱乐、工具等方面。

因此，社群营销一定要把握内涵，腾挪空间，提供服务和机会，才能从根本上明确方向，回归正途。

二、社群营销关系维护的策略

我们先阅读一段资料。

阅读资料

李家有女，人称子柒

提起李子柒很多网友并不陌生。

截至 2021 年 2 月，李子柒的抖音已经有 1.9 亿的点赞量，拥有超过 5 350 万粉丝。商品橱窗有 16 种李子柒品牌商品上架。点击任一专题，均有过亿的点击播放量，比如"东方非遗传承" 4.1 亿播放量，"萝卜的一生" 2.1 亿播放量，"柿子醋" 1.9 亿播放量……

2015 年，李子柒开始拍摄美食短视频。

2016 年 11 月，凭借短视频《兰州牛肉面》获得广泛关注。

2017 年，正式组建团队，并创立李子柒个人品牌；同年 6 月 16 日，获得新浪微博超级红人节十大美食红人奖。

2018 年，李子柒的原创短视频在海外运营后相继获得了 YouTube 平台白银和烁金创作者奖牌。

2019 年 8 月，李子柒成为成都"非遗"推广大使，获得超级红人节最具人气博主奖、年度最具商业价值红人奖；同年 12 月 14 日，获得《中国新闻周刊》年度文化传播人物奖。

2020 年 1 月 1 日，李子柒入选《中国妇女报》"2019 十大女性人物"；5 月 19 日受聘担任首批中国农民丰收节推广大使；8 月当选为第十三届全国青联委员。

2021 年 2 月 2 日，吉尼斯世界纪录发文宣布，李子柒以 1 410 万的 YouTube 订阅量刷新了由其创下的"YouTube 中文频道最多订阅量"吉尼斯世界纪录。

对于李子柒，无论你如何评价，都丝毫不影响她的口碑和经营。她是如何做到的？其实，李子柒在用自己的生活作为背景，用自己的感知维系她的群、她的粉丝和关注她的每一个人，而且她没有让人失望。这种关系的维护是一种认同的内在力量。

人民日报、央视新闻评、中国新闻周刊均发表过评论。李子柒的视频没有一个字夸中国好，但她讲好了中国文化，讲好了中国故事。不得不说，在乡野山涧之间，在春夏秋冬的轮替之中，她把中国人传统而本真的生活方式呈现出来，让现代都市人找到一种心灵的归属感，也让世界理解了一种生活着的中国文化。

没有热爱就成不了李子柒，没有热爱也看不懂李子柒。互联网时代，李子柒及其团队积极运用国际上具有影响力的传播平台，发布的短视频传播时代中国的"田园诗"，生动直观、新颖易懂，成为广泛认同的情感需求和价值理念，满足了人们释放压力的心理需求，也彰显了独特的跨文化传播力。

李子柒及其团队以回归田园生活的姿态，朴实的镜头，接人气的制作，悄无声息地运维，吸引着更多的人期待作品的更新，尝试购买李子柒名下的商品，这也足以让人们思考新媒体环境下如何维护好群，如何"吸粉"和"固粉"，如何顺势而为扩大自身的业务等问题。

（一）目标驱动策略

电子信息时代，多数网络社群以"无组织的组织"这样的自组织方式起步，群的形成也非常简单，或以地缘、业缘、趣缘、志缘，或以某种特定的活动、事项等。随着时间的推移，群交流活动的增加，社群的概念逐渐形成，群的目标、价值等文化特征也会逐步清晰。当社群具有"生产力"的目标导向时，会自然形成分工合作，也会逐渐形成"中心"产生目标。比如喜欢编织的"编织"群，购买普拉多的"陆巡"群等。

目标驱动是社群建设的重要因素。现实生活每个个体都具备不同的动机和需求，唯有当个体与群体需求相契合，才能让整个社群良好运行，这就需要以集体目标作为方向。社群需要有一个共同的目标，在这个目标面前，每个人的活动都是围绕这个目标进行。对于社群来说，共同的目标是保证社群生命力的根本要素，没有目标，社群便不可能有任何凝聚力和影响力。应用目标驱动策略需要关注对目标的持续强化。以一些微商企业内部创建的群为例，专门设置社群运营人员，提高群内的活跃度，保持群员之间的沟通，将社群作为维护关系的平台。这就要求微商企业在建立社群时，想清楚自己的目的，只想当作一个发布信息的社群，还是想要创建一个和员工保持沟通，进行有效交流的社群。

（二）关系驱动策略

社群营销的本质是关系，维护关系的最好方法是让"关系"来"维护你"。

社群营销关系是在群关系的基础上形成的。这里的关系可理解为网络人际关系或营销关系。网络人际关系反映个人或群体寻求满足其社会需要的心理状态，因此，网络人际关系的变化与发展取决于双方社会需要满足的程度。尽管网络关系具有虚拟、匿名、远程等特征，但丝毫不会影响到其人际的本质属性。营销关系是指精明的社群经营者为了促使群内交易成功而与其群成员、分销商、经销商、供应商等建立起长期的互利互信关系。它促使社群营销者以合理的价格、优质的产品、便捷的服务促成交易。此时的群不再是简单的分享、交流社群，而是具有市场交换的营销属性，其关系的建设也包括了客户关系、顾客关系、合作者关系、竞争对手关系等。

客户关系维护是社群为提高核心竞争力，达到竞争制胜、快速成长的目的，树立以客户为中心的发展战略，并在此基础上开展的包括判断、选择、争取、发展和保持客户所需实施的全部商业过程。客户关系的维护是社群以客户关系为重点，通过开展系统化的客户研究，通过优化社群组织体系和业务流程，提高客户满意度和忠诚度，提高社群运作效率和利润水平的工作实践；客户关系维护也是社群不断改进与客户关系相关的全部业务流程，最终实现电子化、自动化运营目标的过程中，所创造并使用的先进信息技术、软硬件和优化的管理方法、解决方案的总和。

顾客关系的维护就是要持续巩固最佳顾客（忠实粉丝）之间的特定关系，让群成员从中感受到良好的双向沟通，并认为自己得到了特别关注和奖励。群运维的实践表明，仅仅让群成员满意是不够的。因为，当出现更好口碑的社群或产品供应时，群成员会新加入进去或退群，选择更令个人满意的群或供应商。这说明社群的吸引力不仅在于培养对品牌的情结，而且还在于群能守住顾客，通过社群营销、一对一的营销建立起高度的顾客忠诚。维护良好的顾客关系还要树立以顾客为中心的经营理念。顾客是社群生存发展的基础，市场竞争的实质就是争夺顾客。社群要有效地实施顾客关系营销策略，首先要树立"顾客就是上帝"的经营理念，赢得顾客的信任与好感，从而获得自己的利润。

合作者关系的维护是社群实施社群营销的根本保证。在科学技术日新月异、信息技术高速发展、经济全球化的条件下，群要想生存发展，取得竞争优势，就需要与合作方共同研究市场、开拓市场、进入市场、占有市场，共同开发产品、修建分销渠道、传播信息、促进销售，实现各自的营销目标。

竞争对手的关系维护同样是社群营销发展的有效策略。如今我们用"群"遍天下来形容社群的建设一点也不为过。传统的市场营销策略比较强调竞争，企业和相关企业之间只是交易和竞争的关系。企业采取的竞争策略是"输赢"策略，即与竞争者完全对立起来，采取一切可能的手段，以对手的失败和消失为目的。随着资本、技术、共享等要素的参与流动，仅靠企业自身的力量来长久地维持竞争优势已非易事。社群的建设和竞争有同质，顺应时代的发展，社群营销关系的竞争方式和竞争规则应转向更深层次的合作营销策略，即为竞争而合作，靠合作来竞争。

关系驱动策略的实施是一项系统工程，必须全面、正确理解关系营销所包含的内涵，要实现企业与顾客建立长期稳固的关系，建立忠诚客户的最终目标，离不开建立与关联企业及员工良好关系的支持。企业与顾客的关系是关系营销中的核心，建立这种关系的基础是满足顾客的真正需要，保证顾客满意，建立顾客忠诚。无论在哪一个市场上，关系具有很重要的作用，甚至成为企业市场营销活动成败的关键因素。

（三）文化驱动策略

农产品就有特有的地域、品牌及乡土文化特征，包含着劳动、质朴、自然的人本内涵。如山西沁州黄小米，如图6-1所示，曾被奉为皇家贡米，被赐为"四大名米"之首，从中我们可以提炼出"黄金产区，皇家贡米"的品牌价值诉求。

在农产品社区或社群的建设、发展过程中，有一种力量很重要，它具有凝聚力的作用，能够使得员工团结一心；它能提高社群的吸引力，不仅使员工，也能使客户、消费者、合作伙伴等产生信任；它具有导向作用，让员工自愿按照企业要求做事；它也具有激励作用，让员工受到鼓舞工作更加愉悦；它还具有约束作用，让员工自觉并积极的响应社群规范和要求，从而提高员工的责任感和使命感。这种力量就是文化，在社群中就是社群文化。

图 6-1　山西沁州黄小米

社群文化也体现为社群的群体规范，这也是群体成员共同的行动指南。社群经济所需要的共同行动力，往往需要这种规范来做保障。社群中的文化，还会在文化趣味、价值观、消费偏好等方面体现出来。社群成员个体的兴趣、行为特征、需求与动机等特质，会影响到相关的营销或生产行为，也会影响到社群的整体文化。一个拥有共同文化基础与相似文化气质的社群，可以使成员超越利益的需求，对社群产生更多的文化依赖与归属感。这种文化既可能是成员既有的共同价值观、文化趣味的沉淀，也可能是在互动的碰撞中形成与培育的新文化。社群文化也会使成员产生更多的亲密感与认同感，这不仅有助于提高用户的黏性，更可以使用户从产品的被动使用者变为产品文化及社群文化的建设者。当群成员的认同度和一致行动能力不断提高时，基于社群的文化共同体也可能会应运而生。

比如社群发展中形成的口碑与信任非常重要，直接影响品牌社群与品牌营销效果，这也是信任力的作用。

学者大卫·梅斯特（David H. Maister）等人在《可信赖的顾问》一书中提出一个信任力的影响因素公式：$T=C \times R \times I \div S$。其中 T 为 Trust，表示信任；C 为 Credibility，表示可信度；R 为 Reliability，表示可靠度；I 为 Intimacy，表示亲密度；S 为 self-orientation，表示自我意识导向。

如果放到社群的情境下，这一公式的含义即是，信任度与某个成员发布的内容的可信性、其个人一贯信誉的可靠度、其分享有亲密度的内容的数量成正比，而与其发布的含有过强自我意识的内容的数量成反比。依此，社群信任感为可以为社群企业和社群的营销

"信任感"背书。在信任感上形成的影响力,比普通网民传递的口碑影响力更为强大、持续。可见,文化驱动是一个润物细无声的过程,是一个长期的付出、长期的积累过程。

(四)运营驱动策略

首先,明确建立社群的目的,并找到首批产品的试用者,创建真实的产品效果案例;其次,利用真实的案例开拓自己的社群渠道;再次,寻找并确定社群内有影响力的人,通过这个人举办线上或是线下活动,利用他的影响力活跃并说服用户产生消费;最后,让使用过的用户真切地受益并带动身边的用户进行消费,以此循环。

农产品营销的社群建设与引起人们的关注是十分不易的。

社群运营,要比其他的运营工作复杂、烦琐得多。不单单节奏紧密,而且时间长、细节烦琐。更需要熟悉传播渠道、掌握用户心理、熟用运营工具、把控活动策划、做好人事物沟通、精细数据收集与分析,还要对创意敏感有方法,对问题迹象敏感有策略。社群营销关系的建设基于兴趣、爱好、分享、利益等,其维护即是艺术,又颇有技术要求。在社群发展过程中,合理利用相应的驱动策略,避开社群营销关系维护的误区,可有效地促进社群营销的扩张,为社群行动带来丰厚的收益。

运营驱动策略就是要让相对无序的状态转向有序管理。常态下,企业可以先经营少量门店进行试运营,建立社群模型,以防"水土不服"。比如五谷磨坊把员工IP变"店招",把导购的朋友圈成"货架",用社群模式激活新生意场。借助私域的老客户维护稳定业绩,实现了客户消费人数、次数和消费金额的抗压表现。

有人把社群营销理解为"快进""快出",其实社群的运营必须有长线思维。长线思维模式需要考虑以下四个问题:

(1) 构建社群运营标准流程与核心业务抓手,保证不同运营人员都能达到较好的运营效果。

(2) 构建导购运营机制,保证一线导购员的运营执行水平。

(3) 构建适配于社群的售前、售中、售后服务流程,保障客户的顺滑体验。

(4) 构建社群用户分层模型,延长社群转化流量的用户生命周期,保障不同场景下的长线经营。

社群运营工具与运营流程标准化的作用,在于从组织管理的角度去支撑群增长策略的规模化执行,针对增长模型下各环节的操作手法开发工具或建立标准化执行流程,提升运营效率放大社群规模。以此来提高社群运营的稳定和效率。

也许有人会问,企业能够借助社群链接到多少用户?从运营的理论上,可以链接到所有用户。现在的技术完全可以支持企业建立所有用户的社群链接。比如目前已有的实践:

一是一些专门做社群营销模式的创新品牌,在运营时专门用群建立用户链接成了一个非常主要的社群商业模式体系。

二是一些零售商,运营时以"店+群"模式,如图6-2所示,用群建立顾客链接,做到十万级、百万级,甚至是千万级的顾客链接。

项目六 社群营销关系维护与法律遵循

图 6-2 "社群+门店"运营模式

社群能发挥出的价值大小在于社群运营,关键看社群营销的战略思考和决策。社群营销如果没有一个系统的营销规划,没有建群、运营、管理群的方法体系,是不会有好的结果。现在不少企业针对社群营销还比较薄弱,既没有一个系统化的整体规划,也没有一套完整的管理、运营群的方法体系。企业要结合自己的整体定位,制订出群的整体规划和系统完整的方法体系。像做深度分销、做店一样,要有一套完整的方法体系,这样才能把社群营销做好,把群的运营组织好。

任务实施

通过社群营销关系维护理论学习与案例研究,王爱国厘清思路,用表格罗列营销关系维护的误区,同时通过实践活动,也总结出了相应的策略,请结合相关知识和"阅读资料",完成表 6-1。

表 6-1 社群营销关系维护

内容	社群营销关系维护的误区	社群营销关系维护的策略
1		
2		
3		
4		

阅读资料

用思维导图解读社群如何拥有百万用户?

以互动链接情感,以情感变现商业价值,从内容、游戏、人际关系、情感这四个方面

215

教你如何玩社群。以内容为中心的社群运营关键在前期的策划加中期的运营；以游戏为中心的社群的关键是情感，情感比利益更重要，很容易获得粉丝的信任；设计社群专属的小游戏是运营以人际关系为中心的社群的重点；以情感为中心的社群运营的关键是互动，通过互动提高人气，而身份认证的核心是人际关系。

互动为王：以互动链接情感，以情感变现商业价值
- 以内容为中心的社群怎么玩
  - 前期策划
  - 中期运营
  - 适时调整
- 以游戏为中心的社群怎么玩
  - 社群互动中，情感比利益更重要
  - 情感链接中，获得粉丝的信任
- 以人际关系为中心的社群怎么玩
  - 设计社群专属小游戏
  - 开发自有H5的小游戏
- 以情感为中心的社群怎么玩
  - 身份认同是人际关系的核心
  - 人际关系互动要注重层次感

1. 活动定位

高质量活动才能沉淀用户。精准定位的用户、确定活动的主题、新奇的创意、强烈的参与感可以构建一个线上线下融合的社群互动，让社群的人参与其中，有一个更好的体验。

活动定位：高质量活动才能沉淀用户
- 如何策划线上线下融合的社群活动
  - 精准定位用户，确定活动主题
  - 新奇创意
  - 融入参与感，强互动性
  - 搭建良好运转的社群运营团队
  - 保持开放利他的社群属性
- 活动营销信息植入策略
  - 用户比营销重要
  - 将营销植入社群活动
  - 让营销成为社群粉丝活动
- 借势推广，普借明星之力
  - 请明星代言，不如借明星之力
  - 借势推广"快、准、狠"
- 保持社群活动的正能量传播
  - 正能量的神奇作用
  - 精准定位社群专属正能量
  - 社群活动传播正能量

2. 善于做人

让用户触摸到社群个性。社群个性比较有代表的就是明星社群，因为明星社群做到了让用户触摸你的温度。可以通过拟人化的形象展示、一些定制产品及现在非常火的网红带货方式去让用户触摸到你的社群的个性。

善于做人：让用户触摸到社群个性

- 明星社群为什么特别火
  - 为什么明星的社群火
  - 让用户触摸到你的温度
- 如何让用户触摸社群的个性
  - 拟人化形象展示
  - 社交沟通应真诚、落地
  - 量身定制产品或活动
  - 网红代言
- 社群群主主要做好企业或产品的代言人
  - 亲自上阵，为品牌代言
  - 社群意见，让用户代言
- 去中心化与社群群主
  - 以大咖群主突破零用户
  - 以去中心化开放分享
  - 以社群小群主建立小圈子

3. 社群品牌化

给社群一个体面的"门脸"。社群文化的品牌化战略是要建立群体化认知、塑造梯度化内容、创造社群专有词。做社群品牌化要先做社群忠诚度，再做社群知名度，即一个人喜欢自有十个人知道。

社群品牌化：给社群一个体面的"门脸"

- 社群标识与用户标签品牌化
  - 给社群一个精准定位
  - 社群标识与Logo设计
  - 如何给用户特殊的标签
  - 如何让用户感到骄傲
  - 如何引导用户参与和思考
- 社群文化的品牌化战略
  - 建立群体化认知
  - 塑造梯度化内容
  - 创造社群专有词
- 如何培养明星化用户
  - 培植中层意见大咖
  - 培养明星化用户
- 产品发布会的档次感与个性化
  - 切勿让档次喧宾夺主
  - 借助个性化塑造社群品牌
- 先做社群忠诚度，再做社群知名度
  - 十个人知道不如一个人喜欢
  - 一个人喜欢自有十个人知道

4. 精细化运营

如何构建社群生态圈，变现商业价值？通过互动引导用户建立关系网，让社群帮助用

农产品社群营销

户养成习惯，增加黏性，从而构建社群生态圈。

```
精细化运营：如何构建社群生态圈，变现商业价值
├── 如何以社交互动引导社群用户建立强关系链
│   ├── 社交媒体维护技巧
│   ├── 线上线下如何完善融合
│   └── 社群互动
├── 以社群帮助用户养成习惯，增加黏性
│   ├── 社群用户的5个层次
│   │   ├── 无品牌忠诚用户
│   │   ├── 习惯购买的准用户
│   │   ├── 对品牌较满意的用户
│   │   ├── 情感投诉的用户
│   │   └── 忠实用户
│   ├── 如何养成用户习惯
│   └── 忠实用户的维护要领
├── 定制社群产品与产品VIP评价
│   ├── 定制社群产品
│   └── 定制产品社群价
├── 以网红塑造理想生活场景，构建交易链
│   ├── 用户的理想生活场景
│   └── 以网红塑造理想生活
└── 如何让每位社群用户都受益
    ├── 重视社群用户力量
    ├── 满足用户需求
    └── 所有用户受益
```

思考与练习

（1）一段时间，社群销售的农产品无论在品相、包装方面都显得"土里土气"。马上就到销售春笋季了，王爱国思考如何把当地山清水秀、优美的自然环境和高品质的春笋元素加入到产品包装设计方面，充分体现特色文化。请你参与其中，为王爱国出谋划策。

（2）近年来，可视农业平台通过改造升级传统农业，贯彻电子商务下乡，升级商店对接餐饮，派发订单生产等形式活跃农村市场，不断向可视农业生产商派发订单订金，有效解决传统农业市场通路、资金短缺和食品安全三大疑难问题，以低价格、好产品，输送到各个市场终端。王爱国也要在承包的猕猴桃园里开通宽带网络、安装摄像头，直接在群里进行可视农业＋农产品销售，力争让无公害的绿色产品畅通销路。王爱国的社群营销需要注意哪些事项？

任务二 社群营销的法律遵循

学习目标

1. 熟悉社群营销相关的法律及规定。
2. 能利用法律武器保护社群的合法权利。
3. 发生权益侵害后能有效利用争议解决机制，依法解决问题。

情境引入

思考并提醒朋友社群营销推广方面应注意的事项后，王爱国意识到移动化趋势下社群有效推广可以实现深度变现。微信、小程序、公众号、朋友圈衍生出多层次、生态化的社群新业务模式，实现了移动人口红利消失背景下对电商更为广泛的需求。某区小微企业管理部门要组织一次微电商经营者培训，培训内容聚焦社群营销的法律常识，特别邀请王爱国提供一个比较完整的培训文案。

任务分析

随着新媒体应用的广泛与流行，社群营销的法律培训显得更为必要。社群具有递进式的社交属性、媒体属性、商业属性，融入社会经济及社会生活，与国家利益、社会利益和公众利益产生千丝万缕的联系，平台管理、商品销售、市场推广、权益保障等，注定社群不是法外之地。社群的运营与管理涉及诸多的法律，各种权益的维护同样需要法律的保障。可以说，没有法律的保障，就没有社群的良性运行；没有守法、合法的运营，也不可能有社群存在的价值和意义。

社群营销相关法律

一、社群营销遵守的主要法律

社群及社群营销必须遵守国家的法律和政策。现实经济社会，规范和制约社群经营与管理的法律、法规繁多，诸如《中华人民共和国宪法》《中华人民共和国民法典》《中华人民共和国电子商务法》等。关联比较大的法律主要有广告法、知识产权保护法及消费者权益保护法等。

（一）社群营销与广告法

1. 社群营销与广告法

《中华人民共和国广告法》立法的目的是规范广告活动，保护消费者的合法权益，促进广告业的健康发展，维护社会经济秩序。广告法第二条规定：在中华人民共和国境内，商品经营者或者服务提供者通过一定媒介和形式直接或者间接地介绍自己所推销的商品或者服务的商业广告活动，适用本法。

社群的产品推广和销售是社群运维的重要行为，推送商品信息或服务信息应遵循广告法。社群营销的广告宣传应当遵守法律、法规，诚实守信，公平竞争；应当真实、合法，以健康的表现形式表达广告内容，符合社会主义精神文明建设和弘扬中华民族优秀传统文化的要求；不得含有虚假或者引人误解的内容，不得欺骗、误导消费者。

2. 社群营销广告宣传应禁止的内容

根据广告法第九条规定，社群中无论何种形式的广告，均不得有以下情形：

（1）使用或者变相使用中华人民共和国的国旗、国歌、国徽，军旗、军歌、军徽。

（2）使用或者变相使用国家机关、国家机关工作人员的名义或者形象。

（3）使用"国家级""最高级""最佳"等用语。

（4）损害国家的尊严或者利益，泄露国家秘密。

（5）妨碍社会安定，损害社会公共利益。

（6）危害人身、财产安全，泄露个人隐私。

（7）妨碍社会公共秩序或者违背社会良好风尚。

（8）含有淫秽、色情、赌博、迷信、恐怖、暴力的内容。

（9）含有民族、种族、宗教、性别歧视的内容。

（10）妨碍环境、自然资源或者文化遗产保护。

（11）法律、行政法规规定禁止的其他情形。

同时，法律、行政法规规定广告中应当明示的内容，应当显著、清晰表示。这在《中华人民共和国电子商务法》第四十条中同样有明确的要求，即：电子商务平台经营者应当根据商品或者服务的价格、销量、信用等以多种方式向消费者展示商品或者服务的搜索结果；对于竞价排名的商品或者服务，应当显著标明"广告"。

3. 社群营销中虚假广告的认定

根据广告法第二十八条规定，以虚假或者引人误解的内容欺骗、误导消费者的，构成虚假广告。具体包括的情形有：

（1）商品或者服务不存在的。

（2）商品的性能、功能、产地、用途、质量、规格、成分、价格、生产者、有效期限、销售状况、曾获荣誉等信息，或者服务的内容、提供者、形式、质量、价格、销售状况、曾获荣誉等信息，以及与商品或者服务有关的允诺等信息与实际情况不符，对购买行为有实质性影响的。

（3）使用虚构、伪造或者无法验证的科研成果、统计资料、调查结果、文摘、引用语等信息作证明材料的。

（4）虚构使用商品或者接受服务的效果的。

（5）以虚假或者引人误解的内容欺骗、误导消费者的其他情形。

4．社群营销中广告违法的法律责任

广告法第五十五条规定：发布虚假广告的，由市场监督管理部门责令停止发布广告，责令广告主在相应范围内消除影响，处广告费用三倍以上五倍以下的罚款，广告费用无法计算或者明显偏低的，处二十万元以上一百万元以下的罚款；两年内有三次以上违法行为或者有其他严重情节的，处广告费用五倍以上十倍以下的罚款，广告费用无法计算或者明显偏低的，处一百万元以上二百万元以下的罚款，可以吊销营业执照，并由广告审查机关撤销广告审查批准文件、一年内不受理其广告审查申请。

广告法第五十六条规定：发布虚假广告，欺骗、误导消费者，使购买商品或者接受服务的消费者的合法权益受到损害的，由广告主依法承担民事责任。广告经营者、广告发布者不能提供广告主的真实名称、地址和有效联系方式的，消费者可以要求广告经营者、广告发布者先行赔偿。关系消费者生命健康的商品或者服务的虚假广告，造成消费者损害的，其广告经营者、广告发布者、广告代言人应当与广告主承担连带责任。

当然广告法规定了更多涉及违法广告的法律责任。现实社会活动中，由于针对平台责任的法律规定，各平台也会针对社群营销的推广和广告给予相应的审核和关注。比如某宝针对滥发信息规则，会对卖家进行规则知识点普及，并视情况给予商品下架、A类扣分、搜索降权、限制营销活动等处罚。因此，在社群营销活动中遵守广告法，保证社群推广行为的合法性和规范性，就是促进社群营销平稳发展的有益行动。

（二）社群营销与知识产权法

党的十八大以来，我国知识产权事业不断发展，走出了一条中国特色知识产权发展之路，知识产权保护工作取得了历史性成就，知识产权法规制度体系和保护体系不断健全、保护力度不断加强。截至2020年底，每万人口发明专利拥有量达到15.8件，有效注册商标量达到3 017.3万件，全社会尊重和保护知识产权意识明显提升，对激励创新、打造品牌、规范市场秩序、扩大对外开放发挥了重要作用。

1．社群营销知识产权法

《中华人民共和国民法典》第一百二十三条对知识产权作出这样的概括性表述——知识产权是权利人依法就下列客体享有的专有的权利：

（1）作品。

（2）发明、实用新型、外观设计。

（3）商标。

（4）地理标志。

（5）商业秘密。

（6）集成电路布图设计。

（7）植物新品种。

（8）法律规定的其他客体。

在众多的知识产权类型中，最常见的是著作权、专利权和商标权。著作权，也称版权，主要是指对文学、艺术和科学作品享有的专有权利；专利权，主要是指对发明创造所享有的专有权利；商标权，主要是指对商品的可识别性标志所享有的专有权利。

知识产权法指中华人民共和国保护知识产权的制度及执法体系。从1980年中国加入世界知识产权组织以后，中国相继制定了《中华人民共和国商标法》《中华人民共和国专利法》《中华人民共和国技术合同法》《中华人民共和国著作权法》《计算机软件保护条例》等法律法规，从而形成了完整的知识产权法律保护体系。

由于社群的普遍性和营销的特定渠道，加之群主知识水平、法律意识和管理能力千差万别，社群营销中的推广行为经常为有侵犯知识产权案例发生。有的通过明显"打擦边球"，制造营销噱头等吸引公众关注，对公共秩序、营商文化、社会道德风尚产生不良影响。

二、社群营销争议的法律解决机制

近两年，涉农社群营销风生水起，随之而来的争议和纠纷的增多。社群营销活动中，伴随交易量的不断增加，电子商务活动普及，社群营销中的利益点日渐突出，争议和问题凸显并表现出复杂、频发的特点，无论合法权益被侵害或侵害了他人的合法权益，争议的有效解决机制一般通过协商、调解、仲裁、诉讼法律途径解决，如图6-3所示。

图6-3 争议调解

（一）调解

调解是由司法机关对当事人双方进行调解，促成当事双方化解矛盾的活动。国内，调解主要有四种形式：诉讼调解（法院在诉讼过程中的调解）、行政调解（行政机关在执法过程中的调解）、仲裁调解（仲裁机关在仲裁过程中的调解）和人民调解（群众性组织即人民调解委员会的调解）。

（二）协商

协商是当事人双方互相商量得出双方同意的结果的活动。

涉农消费者与经营者在发生争议后，就与争议有关的问题进行协商，在自愿、互谅的基础上，通过直接对话摆事实、讲道理，分清责任，达成和解协议，使纠纷得以解决。消费者权益争议的协商和解是一种快速、简便的争议解决方式，无论是对消费者还是对经营者，它都不失为一种理想的途径。事实上，日常生活中大量的消费者权益争议都是通过这种方式解决的。

如：依据《中华人民共和国合同法》的规定，当事人可以通过和解或者调解解决合同争议。

（三）仲裁

仲裁一般是当事人根据他们之间订立的仲裁协议，自愿将其争议提交由非司法机构的仲裁员组成的仲裁庭进行裁判，并受该裁判约束的一种制度。仲裁活动和法院的审判活动一样，关乎当事人的实体权益，是解决民事争议的方式之一。

当事人不愿和解、调解或者和解、调解不成的，可以根据仲裁协议向仲裁机构申请仲裁。涉外合同的当事人可以根据仲裁协议向中国仲裁机构或者其他仲裁机构申请仲裁。当事人应当履行发生法律效力的判决、仲裁裁决、调解书；拒不履行的，对方可以请求人民法院强制执行。

（四）诉讼

诉讼是指人民法院根据争议当事人的请求，运用审判权确认争议各方权利义务关系，解决经济纠纷的活动。

当事人没有订立仲裁协议或者仲裁协议无效的，可以向人民法院起诉。

无社群，不营销。基于网络社区营销及社会化媒体营销基础上发展起来的社群营销，将具有共同特征的用户聚合在一起并藉此产生效益。

当下正是风潮起时，社群营销强势分摊市场，商界纷纷开始布局自己的社群营销战略，形成新时代促进市场繁荣的新动力，社群经济也将会是未来商业的重要形态，社群营销也将成为市场营销范畴下的重要领域。在这个过程中，社群形象的塑造、风格的形成、品牌的建立、知名度的扩大，与社群的经营与管理密切相关。社群营销的管理者和经营者一定要增强法律意识，在法律的框架下从事营销活动，懂法、守法、用法，不仅有利于企业积极推进业务的开展，更有利于社群及社群营销的增量拓展，为实现社群的社会效益和经济效益的双丰收创造更好的条件。

任务实施

在培训文案的组织过程中，为了深度理解社群营销，向成熟的社群营销推广学习，以汲取经验教训，在创业实践中规避法律风险，降低创业及企业运营成本，王爱国收集了几家企业的广告进行综合分析，罗列广告的成功点和自认为需要完善的地方，甚至分析其中个别广告是否有违法行为。其中有一案例"爱奇艺及瓜子二手车直卖网赔偿人人车100万：涉案虚假宣传"很有参考价值。案例的主要内容如下：

2021年2月22日，天眼查App显示，北京人人车旧机动车经纪有限公司与北京爱奇艺科技有限公司等不正当竞争纠纷一审民事判决书公开。判决书显示，原告称，爱奇艺公司在爱奇艺网播放了一档自制节目《中国新说唱》，车好多公司、金瓜子公司在该节目中投放了含有虚假宣传内容的广告，宣称瓜子二手车直卖网是"行业领军者""冠军"，并使用"一路超前没得说""对手总想超过""冠军舍我其谁"等宣传用语。车好多公司、金瓜子公司的上述行为属于为获取竞争优势，过分夸大自身实际水平，误导相关公众的虚假宣传，不仅扰乱了市场竞争秩序，也不当减损了我公司的交易机会，给我公司造成了严重的经济损失。爱奇艺公司作为广告发布平台，在其自制节目中投放了涉案广告，与车好多公司、金瓜子公司构成共同侵权。

认真分析案例之后，王爱国将个人的判断结果填入表6-2，亮明自己的观点，然后又找到法院的判决结果加以比对，从中学到和悟到很多。

表6-2 比对练习

项　　目	内　　　容
王爱国的判断	
法院裁判结果	被告车好多旧机动车经纪（北京）有限公司、被告金瓜子科技发展（北京）有限公司、被告北京爱奇艺科技有限公司于本判决生效之日起立即停止涉案虚假宣传的行为，于本判决生效之日起三十日内履行在官网等相关平台中连续三日刊登声明的义务，以消除涉案虚假宣传行为对原告北京人人车旧机动车经纪有限公司造成的不良影响，并连带赔偿原告北京人人车旧机动车经纪有限公司经济损失100万元。

阅读资料

这个微信社群营销分钱模式涉嫌传销

广州市市场监督管理局于2019年3月14日就广州花生日记网络科技有限公司的传销（直销）违法行为作出处罚决定：责令其改正传销的违法行为；没收违法所得7 306万元；罚款150万元，合计7 456万元。

从2017年7月28日至2018年9月25日立案期间，花生日记以平台运营商可获取其发展的会员所购买的商品一定比例的佣金为诱饵，发展了多个粉丝数量多、流量大的流量运营公司作为其分公司（也称之为运营中心），再由这些分公司去管理运营商，运营商负责发展会员，按照层级提取酬金。花生日记通过不断重复上述过程，不断有新的超级会员通过发展人员升级成为运营商。截至2018年9月25日，花生日记平台形成了31 530个以运营商为塔尖的金字塔结构，会员总数达 21 534 555 人。其中，组织结构达到三级及三级以上层级的会员共有 21 496 085 人，占了全部会员人数的 99.82%，层级最多的链条已经发展至 51 层。

2019 年 2 月 22 日，广州市市场监督管理局根据花生日记被曝光的层级架构、报酬计算方式等，认定花生日记的行为实质已经完全符合《禁止传销条例》第七条第（二）、第（三）项所指的传销行为，涉嫌传销，并依据违法事实，作出处罚决定。

事后，花生日记对外发布了《花生日记关于被行政处罚的声明》，完全接受监管机构的处罚，并承认在早期发展中的确有不合规的做法，已在 2018 年作了整改和规范，目前花生日记的运营模式已合法合规。

近年来，各类披着互联网、电子商务、社区服务外衣的传销模式屡禁不止，微商、社群、数字货币等成为网络传销"重灾区"。很多社交平台自以为是的"割裂层级""变逐级销售为逐级推广"模式，其"传销"的本质并没有改变。这也告诉我们，网络传销无孔不入，假若利用诸如共享、社交电商、社群营销等新概念，结构更复杂，隐蔽性更强，后续的监管需要投入更多的精力。

★ 思考与练习

（1）通过网络查询"奥利奥"与"粤利粤"案例，分析在社群营销活动中如何更好地贯彻落实知识产权保护法？

（2）社群营销中，产品的特色（包括地域、品质、服务等）是亮点，品牌价值愈加凸显，比如：吐鲁番葡萄、眉县猕猴桃、章丘大葱、苍山大蒜、安溪铁观音、横县茉莉花茶、五常大米等。试分析如何将商品特色模式应用到社群营销活动中？

后 记

《"广东技工"工程教材 农村电商系列》在广东省人力资源和社会保障厅的指导下，由广东省职业技术教研室牵头组织编写。该系列教材在编写过程中得到广东省人力资源和社会保障厅办公室、宣传处、综合规划处、财务处、职业能力建设处、技工教育管理处、省职业技能服务指导中心、省就业服务管理局、省职业训练局和广东省农村电子商务协会、广东省农业科学院农业经济与信息研究所的高度重视和大力支持。

《农产品社群营销》教材具体由深圳技师学院牵头并组织教师进行编写，该教材立足于社群运营师岗位实际，根据社群营销职业能力要求，围绕如何创建和运营农产品社群展开编写，主要包括社群运营师的岗位职责和要求、社群活动策划技能、社群用户运营技能、社群内容运营技能及社群推广变现技能等内容。本教材内容全面、详细，充分引入了企业的真实案例，在调研社群运营岗位工作任务和职业能力的基础上，按照培训大纲，以工作任务为主线，基于任务驱动，理论与实操相结合，强调对社群营销操作环节的能力训练，力求方便易学，实用高效。该教材可作为开展"农村电商"工程短期培训和职业院校电子商务专业课程配套教材使用。

《农产品社群营销》教材内容和相关素材案例主要来源于编写单位，教材在编写过程中，张梦雅老师参与部分案例资料的收集与整理，李世满、张明明老师等也给予了积极的帮助。同时还得到了籍东晓、文平、汪立极、闫莉丽、刘红燕、谭瑜等领导专家、企业家和行业专家的大力支持，在此一并表示衷心的感谢！

《农产品社群营销》编写委员会
2021 年 6 月